COMMENT JE SUIS DEVENUE RENTIÈRE EN 4 ANS

3e édition revue et augmentée
40 pages de conseils en +
et une annexe financière et fiscale !

ELISE FRANCK

COMMENT JE SUIS DEVENUE RENTIÈRE EN 4 ANS

3e édition revue et augmentée
40 pages de conseils en +
et une annexe financière et fiscale !

MAXIMA
LAURENT DU MESNIL ÉDITEUR

Élise Franck a quitté son emploi salarié pour acheter et revendre ou louer des biens immobiliers. Partie avec un modeste capital, elle dispose aujourd'hui de revenus mensuels réguliers sous forme de loyers et a monté sa structure de conseil dans le domaine de l'immobilier.
Vous pouvez consulter son site internet à l'adresse suivante : www.elise-franck.com et la joindre en écrivant à elise.franck@maxima.fr
Vous pouvez également réagir sur son blog : www.rentiere.fr

L'auteur remercie David Charles, conseiller en gestion de patrimoine, qui a rédigé l'annexe financière et fiscale.

MAXIMA
LAURENT DU MESNIL • EDITEUR

192, bd Saint-Germain, 75007 Paris
Tél. : + 33 1 44 39 74 00 – Fax : + 33 1 45 48 46 88

ISBN : 978 284 001 653 3

Avertissement
Aucune des informations fournies dans ce livre ne constitue une incitation à vendre ou acheter quoi que ce soit, ni à effectuer quelque opération immobilière que ce soit, à des fins privées ou pour le compte d'un tiers. L'auteur rappelle que le marché immobilier est, de tout temps, soumis à des cycles de hausse et de baisse qui peuvent modifier sensiblement les taux de rentabilité de tout investissement, voire occasionner des pertes.

Sommaire

Introduction 9

L'investissement immobilier classique : rémunérateur oui... mais dans 20 à 30 ans ! 12
Une autre façon d'investir dans l'immobilier : comment gagner plus, plus rapidement 12
Ma méthode en un coup d'œil 14
Une méthode d'investissement qui s'adapte à toutes les bourses... 19
Un investissement réussi, qu'est-ce que c'est ? 21
Les deux piliers du système : capacité d'emprunt et revenus immédiats 23
Gagner de l'argent, ça prend du temps ? 26
Fixez vos objectifs et lancez-vous ! 27

1. L'achat 33

Trouver « une affaire » 33
Faut-il acheter ou louer sa résidence principale ? 35
Ce qu'il faut savoir avant d'acheter 41
Faut-il passer par une agence ? 48
Les éléments à prendre en compte lorsque l'on achète pour louer ... 50
Les éléments à prendre en compte lorsque l'on achète pour revendre 56
Les particularités de mes achats immobiliers 59

2. Les travaux – Home Staging 71

Adaptez la rénovation aux goûts des acquéreurs 71
Les priorités des acquéreurs 74
Un appartement qui se démarque des autres 78
Travaux de rénovation ou simple décoration 80
Les conseils essentiels pour réussir vos travaux 101
Augmenter la valeur de votre bien 102
Quelques astuces de « mise en scène » 103
Principes de base en matière de décoration 108

3. La vente 113

Les conseils de base 113
Bien vendre 115
Faut-il passer par une agence ? 117
Une vente, deux propositions 122
Comment fixer le bon prix ? 125

4. La location 131

Rechercher une rentabilité locative élevée 131
Les avantages de la location en meublé 133
Les impôts fonciers 133
Les avantages de l'investissement dans l'ancien 137
L'impact de la décoration sur le loyer 137
Quelques trucs pour bien louer 138

5. Deux éléments clés pour réussir 141

L'achat/revente immédiate 141

Acheter pour revendre immédiatement : est-ce risqué ? 145
Un point sur la fiscalité et le statut de marchand de bien 147
La part du risque : inévitable 150

La diversification 151

Les bonnes affaires : pas uniquement sur Paris 151
Investir dans un fonds de commerce 155
Acheter des parkings 157
Habitation, commerces, parkings : que choisir ? 159
Pourquoi j'ai choisi de privilégier l'habitation ? 163

6. Mon plan d'investissements 175

Les résultats chiffrés de mes investissements immobiliers 175
Récapitulatif 183
Pourquoi j'ai réussi et pourquoi vous le pouvez aussi 185
Les six points clés pour réussir votre plan d'investissement 189

Conclusion : Rentière… et après ? 191

Annexe : Finance et fiscalité, les bons calculs pour réaliser une opération gagnante 199

Introduction

Après quatre ans d'investissement dans l'immobilier, je gagne aujourd'hui plus que mon ancien salaire, uniquement grâce à mes revenus locatifs. Ma banque est toujours disposée à me prêter de l'argent pour un nouveau crédit immobilier bien que je sois sans emploi. Elle considère qu'elle peut me faire suffisamment confiance, au vu de mes opérations immobilières réussies et compte tenu de mes revenus.

En me rendant compte que je pouvais gagner bien plus d'argent en investissant dans l'immobilier qu'en travaillant comme salariée dans une entreprise j'ai décidé de la quitter de la meilleure façon : en négociant mon départ !

Depuis ce jour, j'ai des projets plein la tête et je me sens « pousser des ailes ». Après plusieurs expériences professionnelles dans des secteurs différents qui se sont soldés par des déceptions et des échecs, je savoure aujourd'hui le fait de n'avoir à rendre de comptes à personne et je ne m'inquiète plus pour mon avenir.

Certains diront que j'ai eu de la chance, d'autres qu'il n'y a rien d'exceptionnel dans ce que je fais... En effet, je ne suis pas millionnaire (en tout cas pas encore !) mais, vu le contexte économique actuel et la difficulté qu'ont les gens de tout âge à trouver leur place dans le monde du travail et au sein de l'entreprise, je pense que mon expérience peut intéresser ou donner des idées à beaucoup d'entre vous.

Quel est votre parcours professionnel ?

Q. : « *Quel a été votre parcours professionnel avant vos aventures immobilières ?* »

Elise Franck
J'ai fait différents boulots : hôtesse de l'air, vendeuse, responsable de boutique, multi tâches au Quick, commerciale, secrétaire, hôtesse de salons, conseillère en agence matrimoniale, assistante de direction… Mon dernier poste, que j'ai occupé durant six ans, était assistante de direction dans une grande banque. Mais aucun d'entre eux ne m'a jamais donné envie de m'investir vraiment. Trop de contraintes pour moi, pour peu de retour et beaucoup de temps perdu…

Q. : « *Vous n'étiez donc pas familiarisée avec l'environnement immobilier ni même financier. Mais votre cheminement prouve tout de même que vous cherchiez bien un épanouissement dans votre travail, ce qui reste relativement exceptionnel et rare dans beaucoup d'entreprises compte tenu du peu de reconnaissance que l'on y reçoit.* »

Elise Franck
Vous avez raison. Je n'ai finalement trouvé aucun avantage à travailler pour une entreprise comme salariée, car pour moi les inconvénients sont nombreux. Je pourrais en lister quelques-uns :
– un manque de reconnaissance évident, même si l'on fait l'effort de s'investir et de travailler plus ;
– subir les luttes de pouvoir au sein de la société ;
– travailler sous pression et subir un stress quotidien en raison d'objectifs à atteindre en peu de temps ;

– être confrontée au double langage des supérieurs ;
– perdre quotidiennement une heure ou deux dans les transports en commun ou dans sa voiture ;
– être manipulée par les supérieurs pour nous pousser à donner un maximum ;
– devoir faire semblant de travailler et être obligée de rester au bureau même si on a fini son travail pour ne pas faire mauvaise impression ;
– devoir rester enfermée dans un bureau toute la journée ;
– l'impossibilité d'avoir en plus de son travail des loisirs, car le soir, souvent, on est trop fatiguée ;
– ne pas pouvoir faire du sport le matin ;
– être condamnée à la sédentarité ;
– ne pas pouvoir prendre les congés au meilleur moment de l'année et devoir respecter un calendrier de vacances trop rigide ;
… et je pense que l'on peut encore rallonger la liste…

Je retrace à travers ce livre ma stratégie pour devenir indépendante et libre en quelques années grâce à l'investissement immobilier. Cette méthode est très simple à appliquer et accessible à tous ceux qui sont aujourd'hui salariés et rêvent d'une autre vie…

Bien sûr, un investissement immobilier ne ressemble à aucun autre. Chaque cas est différent, dépend de critères tout à fait personnels et varie en fonction de votre capital, de vos rentrées d'argent et de votre motivation, mais au final, vous découvrirez dans ce livre qu'il est possible en quelques années de s'enrichir et même d'arrêter de travailler grâce à l'immobilier, et cela quel que soit votre niveau d'étude, votre situation familiale ou le montant de vos économies.

Faisons dans un premier temps le tour des investissements immobiliers les plus communs pour mettre en avant leurs avantages et leurs inconvénients.

• L'investissement immobilier classique : rémunérateur, oui, mais dans 20 à 30 ans !

Le premier inconvénient majeur est que, à moins d'avoir gagné au loto ou touché de gros bonus pour acheter vos biens sans emprunts, il vous faudra patienter 20 ou 30 ans pour être vraiment propriétaire de ces biens et bénéficier intégralement de vos revenus locatifs.

Le deuxième inconvénient est que la banque vous prêtera de l'argent en se basant sur le montant de votre salaire. Elle va donc considérer à un moment donné qu'elle prend un trop grand risque par rapport au ratio revenus/emprunts. Ainsi, même avec un salaire élevé votre capacité d'emprunt est limitée.

Le troisième inconvénient est le risque. Si vous avez acheté plusieurs biens et que l'un de vos locataires ne vous paye plus, vous pouvez vous retrouver dans une situation délicate au niveau de votre trésorerie.

• Une autre façon d'investir dans l'immobilier : comment gagner plus, plus rapidement

Une autre façon d'investir dans l'immobilier, beaucoup plus rare car plus contraignante consiste à acheter son bien en résidence principale, à le rénover pour le revendre et en tirer une plus-value, laquelle sera d'autant plus conséquente que le bien principal n'est pas assujetti à l'impôt sur la plus-value. On peut ainsi renouveler l'opération plusieurs fois et au fur et à mesure acheter une surface plus grande.

Mais ce type d'investissement convient plutôt à une personne célibataire et sans enfants, qui aime déménager souvent.
Les inconvénients sont les suivants :

- dans la plupart des cas, la résidence principale n'est pas un bien d'investissement de rapport, puisqu'aucun loyer ni aucun revenu ne vient couvrir votre emprunt, contrairement à l'investissement locatif ;
- ce type d'investissement est trop contraignant pour ceux qui tiennent à la quiétude de leur vie personnelle ;
- les plus-values réalisées au moment de la vente sont en général réinvesties dans la nouvelle résidence principale, achetée pour obtenir une plus grande superficie ou un meilleur emplacement, et vous ne pouvez donc pas utiliser ces plus-values comme des revenus supplémentaires ;
- si vous vendez votre résidence principale au bout de quelques années (entre deux et quatre ans) vous pourrez bénéficier de la hausse de l'immobilier et vendre ainsi votre bien plus cher. Cependant, il faut également tenir compte du fait que tous les biens auront augmenté de la même façon, ce qui fait que si vous voulez acquérir un bien plus spacieux, celui-ci vaudra également plus cher. Si vous cherchez un bien similaire pour conserver votre plus-value (que vous aurez faite grâce aux travaux effectués), le nouveau bien que vous allez rechercher vaudra à peu de choses près le même prix que celui que vous venez de vendre.

Cette façon d'investir paraît donc idéale, mais elle comporte un certain nombre d'inconvénients que l'on ne retrouve pas en suivant la stratégie d'investissement que j'ai appliquée.

• Ma méthode en un coup d'œil

Ma méthode d'investissement est simple et peut être synthétisée en 7 points clés :

1 – Repérer des biens immobiliers à bas prix et les transformer pour mettre en avant leurs atouts afin d'augmenter leur valeur.

2 – Emprunter à la banque l'intégralité du prix d'achat, tout en vous laissant la possibilité de pouvoir effectuer plusieurs opérations à la suite sans épuiser votre capacité d'emprunt.

3 – Trouver une, voire plusieurs entreprises en bâtiment efficaces, fiables et compétentes proposant des prix compétitifs.

4 – Conserver une capacité d'emprunt en revendant certains biens dans le but de réaliser des plus-values immédiates.

5 – Utiliser les plus-values réalisées pour acquérir un ou des biens sans emprunt bancaire et rembourser une partie des emprunts en cours.

6 – Louer en meublé les biens que vous avez choisi de garder après avoir pris soin de les mettre en valeur grâce à une décoration adaptée, ce qui permet d'avoir des revenus locatifs qui dépassent vos mensualités.

7 – Diversifier ses placements.

Cette stratégie d'investissement vous permet, même en quittant votre emploi salarié :

– d'obtenir en peu de temps des revenus locatifs nets importants ;
– d'augmenter votre capacité d'emprunt au lieu de la réduire.

Cette méthode, que je viens de décrire de façon schématique, peut-être adaptée différemment en fonction de votre budget, de votre niveau de revenu ou des opportunités que vous trouverez. L'essentiel est de respecter ces six points qui vous permettront d'acquérir votre indépendance financière.

Pour ma part, j'ai mis cette méthode en œuvre de la façon suivante, en effectuant dans l'ordre, les opérations ci-dessous :

– achat d'un bien et mise en location,
– achat d'un deuxième bien et mise en location,
– avant d'épuiser ma capacité d'emprunt, achat d'un troisième bien et revente immédiate après rénovation,
– achat d'un quatrième bien et revente immédiate après mise en valeur ;
– avec les plus-values effectuées et les économies des surplus de loyer, achat d'un cinquième bien au comptant, sans emprunt bancaire ;
– remboursement d'une partie des dettes,
– achat avec emprunt d'un fond de commerce et de deux parkings.

Non seulement je dispose aujourd'hui d'un patrimoine non négligeable qui va continuer à prendre de la valeur mais, en plus, mes revenus locatifs sont désormais équivalents à mon ancien salaire et me permettent de vivre sans travailler.

J'aspire à une vie meilleure

Q. : *« Avez-vous attendu de gagner l'équivalent de votre salaire avant de négocier votre licenciement ? Je parle de ce projet autour de moi, mais je veux m'assurer un filet de sécurité, et ne pas tout envoyer balader. Je pense faire de l'investissement pendant mon temps libre, mais cela risque d'être plus long que quatre ans car j'ai peu de loisirs... mais j'aspire à une vie meilleure comme vous. »*

Le conseil d'Elise Franck

J'ai en effet commencé à investir deux ans après mon arrivée dans l'entreprise, puis j'ai mis quatre ans à devenir indépendante financièrement, et ce n'est qu'après avoir été certaine de pouvoir vivre correctement sans travailler que j'ai levé le pied côté boulot. De plus, avec les différentes démarches à la banque, les visites d'appartements, les travaux etc., ma vie de salariée devenait difficile... Donc, dès que j'ai pu voler de mes propres ailes, je n'ai pas hésité à négocier mon départ.

De toute façon, je n'aurai pas pu partir avant et je n'en avais aucun intérêt puisque c'est grâce à mon emploi et à mon salaire que j'ai pu obtenir mon premier emprunt. Maintenant que je gagne l'équivalent d'un bon salaire en revenus locatifs, je peux emprunter sans avoir à présenter de feuille de paie. La boucle est bouclée comme on dit. Je peux en profiter tout en continuant à investir.

Mais le temps n'est pas forcément un facteur. Même si j'avais effectué mes investissements sans travailler en même temps comme salariée, je n'aurais pas investi plus vite pour autant. Donc, occuper un poste salarié ne m'a pas vraiment gêné ou freiné... mais cela demande, bien sûr, de la volonté et de la disponibilité après le boulot.

Bien évidemment, je vous conseille, comme vous le dites, de garder un filet de sécurité. C'est très important ! Il faut avancer doucement mais sûrement ! Et puis surtout, on ne peut pas tout avoir. Si vous aspirez à une vie meilleure, il faut au début s'en donner les moyens : je me suis par exemple serrée la ceinture pendant au moins cinq ans et j'ai sacrifié du temps et de l'énergie au début dans mes chantiers pour « économiser » chaque centime. Autre chose, je ne me suis jamais achetée l'appartement ou la maison de mes rêves, je suis toujours locataire (dans un appartement sympa, certes) car j'ai toujours privilégié mes investissements. Donc, ce n'est pas forcément facile, mais je suis tellement heureuse du résultat aujourd'hui !

Sachez cependant, que vous n'êtes pas obligés de suivre la même chronologie que moi. J'ai par exemple acheté puis revendu immédiatement mon troisième appartement parce que ma capacité d'emprunt arrivait à sa fin. Dans votre cas, en fonction du montant de vos revenus, vous n'aurez peut-être besoin de vendre qu'au bout du quatrième ou du cinquième achat ou au contraire après le premier.
Il n'est cependant pas conseillé de faire plus de deux opérations d'achat/revente successives car selon la loi : « Quiconque se livre d'une façon répétée et habituelle à des opérations de marchand de biens pourra être considéré comme commerçant avec toutes les conséquences qui en découlent, notamment en matière de redressement judiciaire ».
Mais vous pouvez choisir de revendre un bien que vous avez acheté il y a quelques années. En tant que particulier vous avez tout à fait le droit de vendre un de vos appartements. Ce qu'il faut éviter, c'est surtout de répéter des opérations d'achat – revente immédiate.

Ainsi, vous pouvez par exemple appliquer mon plan de la façon suivante :

1re année :

1 – Achat d'un bien et location

2 – Achat d'un bien et location

3 – Achat d'un bien et location

2e année :

1 – Achat et revente immédiate

2 – Achat d'un bien et location

3 – Revente du premier achat

3e année :

1 – Revente deuxième achat

2 – Achat d'un bien sans emprunt et location

3 – Achat d'un bien et revente et remboursement d'une partie des emprunts

Vos loyers dépassants vos emprunts mensuels, vous pouvez donc en économisant ces sommes tous les mois et en y rajoutant vos plus-values, acquérir sans emprunt votre dernier bien et rembourser une partie de vos emprunts précédents. Ceci est un exemple comme un autre. A vous de moduler les opérations en fonction de ce que vous trouvez sur le marché et en fonction de vos possibilités.

On peut aussi imaginer que vous souhaitiez commencer par un achat/revente dès votre première acquisition. J'ai préféré, commencer d'abord par faire du locatif avant de me lancer dans une opération d'achat/revente qui est quand même plus risquée et qui demande une certaine connaissance du marché.

Si votre capacité d'emprunt est plutôt faible et que vous n'avez pas de capital, vous pouvez très bien commencer par investir dans un ou plusieurs parkings ou un petit studio que vous allez « retaper » et revendre.

Ma méthode a l'avantage de convenir à toutes les bourses, d'être à la portée du plus grand nombre et d'être modulable en fonction de la situation personnelle de chacun et de son niveau de vie.

Non seulement vous pouvez vous permettre d'arrêter de travailler immédiatement après ces opérations, mais en plus vous pouvez continuer à emprunter pour continuer à vous enrichir. En effet, étant donné que vous touchez des revenus réguliers de vos locations, la banque vous prêtera encore de quoi investir, même si vous n'avez plus d'emploi. Bien sûr la somme totale des plus-values que vous allez dégager après quelques années sera très variable en fonction de plusieurs paramètres :

- votre capacité à trouver les bonnes affaires,
- votre réactivité face au marché,
- votre capacité à valoriser la présentation d'un bien,
- vos talents de négociateur.

Autrement dit, tout cela dépend du niveau de rentabilité de vos opérations.

• Une méthode d'investissement qui s'adapte à toutes les bourses

Cette stratégie peut-être utilisée par tout le monde. Elle ne requiert ni diplôme ni expérience particulière. Cependant, au départ, il est préférable d'avoir un salaire régulier et d'être embauché dans une entreprise en CDI (Contrat à durée indéterminée), car les banques en général, prêtent plus facilement de l'argent aux personnes qui ont un revenu fixe. Mais aucun cas de figure n'est exclu, et on peut toujours trouver un moyen d'emprunter même avec des petits revenus. L'essentiel est de commencer à investir et de vous enrichir de plus en plus en profitant de l'effet de levier.

Puis-je investir ?

Q. : *« Je suis âgé de 23 ans et je prépare l'examen d'entrée en Orthoptie (profession paramédicale). Actuellement, je suis en CDI (contrat étudiant) depuis deux ans dans un grand magasin de bricolage, mon salaire est de 650 € par mois pour travailler le samedi après-midi et le dimanche toute la journée. Je touche également des primes trimestrielles de 100 à 150 €.*
Avec un très bon ami, nous voudrions nous lancer dans un projet « rémunérateur » pour l'avenir. Nous vivons tous deux chez nos parents et cela ne pose pas de problèmes particuliers (enfin pas encore...) Le fait que nous nous entendons très bien et cela depuis plusieurs années m'encourage à « m'associer » avec lui et inversement. Nos idées sont souvent les mêmes et cela facilite un échange efficace sur certains points.
Ma question est la suivante, pensez-vous qu'il soit possible « d'investir » en disposant d'environ 800 € à nous deux ? Si oui dans quoi investir ? À quel moment ? Le but étant de trouver un investissement le moins cher et le plus rémunérateur possible. Une sorte de rapport qualité/prix intéressant... »

Le conseil d'Elise Franck
Je vous trouve très lucide et vous avez bien raison de penser déjà à votre avenir alors que vous n'avez que 23 ans. J'ai moi-même commencé un peu plus tard malheureusement, le mieux étant de se lancer jeune ou en tout cas le plus tôt possible.
Mais en même temps c'est vrai que cela demande parfois de faire quelques sacrifices : moins de dépenses, un premier emploi pas forcément très intéressant mais qui permet de commencer à économiser et surtout à emprunter. Car à partir du moment où vous avez un salaire vous pouvez emprunter pour acheter un bien immobilier.

Cela peut être un parking par exemple, si l'on n'a pas encore les moyens de s'acheter un logement ou encore une petite surface ou une chambre de bonne. De plus, le fait que vous soyez jeune justement vous apporte l'avantage de pouvoir emprunter sur un plus grand nombre d'années. De plus en plus de banques proposent maintenant des prêts sur 30 ans, voire 35 ans. Le fait que vous n'ayez pas encore de loyer à payer est également un plus, car votre capacité d'emprunt sera maximale par rapport à vos revenus.
Dans votre cas, soit vous attendez d'avoir un salaire un peu plus important et vous investissez ensuite tout en profitant de ce laps de temps pour économiser un maximum, soit vous commencez dès maintenant à investir en achetant avec votre ami, si celui-ci a des revenus également.
Investir à deux peut en effet être une bonne solution au début, lorsque l'on n'a pas la capacité d'emprunt suffisante pour acheter seul. Mais à condition de bien s'entendre et d'être sur la même longueur d'onde en ce qui concerne les objectifs de l'investissement : location, durée, meublé ou pas, revente… sont des questions qu'il faut se poser avant.
Quoi qu'il en soit, comme je l'explique dans ce livre et comme je l'ai expérimenté moi-même, acheter un bien en mauvais état, le réhabiliter soi-même et le louer en meublé peut être très rentable si l'on sait s'y prendre, si l'on a la patience de chercher une affaire intéressante et si l'on est prêt à consacrer de l'énergie à la rénovation. Et si vous avez des talents en aménagement ou décoration… c'est un plus !

• Un investissement réussi, qu'est-ce que c'est ?

La première opération est importante car c'est bien sûr d'elle que dépendra le succès des étapes suivantes. Si votre premier investissement est une réussite, il vous donnera la motivation suffisante pour continuer dans cette voie et vous donnera envie de renouveler votre première expérience. Il vous servira également d'exemple pour les prochaines opérations, même si à chaque opération d'achat ou de vente, vous apprendrez toujours quelque chose de nouveau qui remettra en cause votre façon initiale de fonctionner.

Pour moi, une opération immobilière réussie est un investissement qui permet une rentrée d'argent immédiate. En effet, beaucoup de personnes de votre entourage vont vous dire (et peut-être êtes-vous vous-même dans ce cas) qu'ils ont déjà investi dans l'immobilier en achetant un ou plusieurs biens à crédit et qu'ils les louent dans le but de se créer un capital financé par les revenus locatifs.

Ces personnes vont considérer qu'ils ont fait de bonnes opérations car leurs loyers couvrent leur emprunt bancaire, et qu'ils vont ainsi pouvoir se constituer un capital grâce aux loyers perçus. Mais ils ne pourront profiter de ces revenus qu'une fois la totalité de l'emprunt remboursé, c'est-à-dire après 15, 20 voire 30 ans ! Ce n'est pas vraiment ma conception d'un investissement immédiatement rentable.

Arriver à acheter plusieurs biens immobiliers en plus de sa résidence principale est déjà une très bonne chose en soi et je ne saurais trop vous encourager dans ce sens, si vous en avez les moyens. Cependant, cette façon de voir les choses à un certain nombre d'inconvénients, en particulier sa durée, comme nous l'avons vu dans le paragraphe précédent.

La méthode que je vous propose permet d'éviter tous ces inconvénients.

Elle repose sur deux éléments essentiels : la capacité d'emprunt et des revenus immédiats.

• Les deux piliers du système : capacité d'emprunt et revenus immédiats

Préserver votre capacité d'emprunt

La capacité d'emprunt est primordiale car c'est elle qui vous permet de vous enrichir. Si au bout du troisième ou quatrième investissement votre banque ne vous autorise plus à emprunter, vous aurez bien sûr acheté quelques biens, mais vous ne pourrez guère aller plus loin et vous devrez alors attendre quelques 20 à 30 ans pour toucher des revenus locatifs nets intéressants.

L'une des solutions consiste à vendre un bien tous les trois ou cinq ans et d'empocher la différence entre ce que vous devez à la banque et le prix de vente. Mais l'intérêt de cette opération dépend en grande partie de la montée des prix du marché. Ainsi, si le prix ne monte pas beaucoup ou s'il baisse, revendre son bien n'est pas rentable. Et même si votre bien a pris effectivement de la valeur, une fois vendu, vous devrez encore rembourser votre dette à la banque, il ne vous en restera donc que la différence.
De même, pensez également que si vous voulez racheter un bien plus grand grâce à cette plus-value, cela ne sera pas vraiment possible puisque les prix des autres biens en vente auront également augmenté. Ainsi, l'appartement de taille plus importante que vous vouliez vous offrir, sera lui aussi beaucoup plus cher.
Pour moi, un investissement réussi est celui qui permet d'investir de nouveau et qui ne bloque jamais l'effet de levier obtenu grâce à l'emprunt, et cela est possible en suivant ma méthode d'investissement.

Capacité d'emprunt atteinte : que faire ?

Q. : *« L'idée de devenir rentière m'accompagne depuis des années, mais il a fallu au préalable changer certaines de mes pensées héritées de mon éducation sur l'argent et les riches… J'ai dû m'éloigner pour cela de certains membres de ma famille…*
Célibataire, sans enfant, âgée de 35 ans, je suis fonctionnaire. J'ai acquis il y a trois ans ma résidence principale à l'île de la Réunion, pour un montant de 162 000 euros. Mais n'ayant pas lu votre livre avant cet achat j'ai utilisé ma capacité d'emprunt…
J'ai le projet de revenir en métropole, donc je compte louer cet appartement en meublé à 1 300 euros par mois ce qui couvrirait le montant du prêt (926 euros par mois)… mais payant plus de 2 900 euros d'impôts sur le revenu, je pensais faire un investissement en défiscalisation, studio ou T1… Qu'en pensez-vous, devrais-je investir sur un autre bien ou serait-il plus judicieux que je redevienne locataire ? »

Le conseil d'Elise Franck
Je pense effectivement que c'est une bonne idée de louer votre appartement à l'île de la Réunion, surtout si vous arrivez à louer plus cher que vos mensualités, ensuite une fois en France vous pourrez effectivement emprunter de nouveau puisque votre premier emprunt sera couvert.
Aujourd'hui beaucoup de personnes viennent me voir car elles sont déçues par l'investissement en défiscalisation en raison des nombreuses contraintes : lieu non connu, en général dans des zones peu recherchées par les locataires, pas de réel choix ni de possibilité de voir le bien avant d'acheter, un loyer « capé » (limité à la hausse), une revente impossible avant quelques années, un prix d'achat souvent supérieur au marché…

Il n'est donc pas toujours judicieux de faire un investissement uniquement dans le but de payer moins d'impôts. On peut parfois être gagnant en jouant sur d'autres critères qui peuvent rapporter beaucoup plus : un prix intéressant à l'achat, une valorisation maximale pour un budget minimum, un loyer élevé grâce à une location en meublé et une décoration adaptée aux goûts des locataires, une réduction d'impôts grâce à la location en LMNP (« Loueur en meublé non professionnel »), un quartier en devenir qui va permettre au bien de prendre de la valeur dans les années à venir, une possibilité de revente rapide avec plus-value.
Donc à vous de faire votre choix, mais si vous êtes amenée à travailler de temps en temps sur Paris, ce serait l'occasion d'acheter un deuxième appartement dans la capitale. Paris reste aujourd'hui un lieu sûr pour l'investissement immobilier (les prix y sont encore moins élevés que dans la plupart des grandes villes européennes, les étrangers continuent d'investir à Paris, les logements sont encore trop peu nombreux par rapport à la demande…). Maintenant à vous de voir si vous souhaitez acheter pour y habiter ou si vous souhaitez acheter pour le louer et prendre un appartement en location pour vous. Mais si vous êtes célibataire, vous pouvez aussi en profiter pour faire un achat revente en résidence principale : vous achetez un bien en dessous du prix du marché, vous le « retapez », vous habitez dedans quelque temps, puis vous le revendez et empochez une plus-value exonérée d'impôts (puisque c'est votre résidence principale). Vous achetez ensuite de nouveau un bien « à potentiel », soit pour refaire la même chose, soit pour vous installer ou pour faire un investissement locatif qui vous rapportera immédiatement de l'argent puisque vous paierez une partie de ce bien grâce à la plus-value récupérée.
Il y a plusieurs solutions possibles dans votre cas, tout dépend de vos besoins et de vos objectifs financiers et personnels.

Obtenez des revenus immédiats

Comme je l'ai dit plus haut, il est important que vos investissements vous rapportent des revenus immédiats. Cela a été le cas pour mes opérations et cela m'a permis d'économiser et de disposer d'un capital plus important pour mes investissements suivants.

Cela permet de gagner du temps et d'acheter au plus vite un bien sans emprunt. Je vous conseille donc d'économiser vos revenus perçus et de les placer sur un compte sans risques car vous en aurez vite besoin pour une nouvelle acquisition.

Rappelez-vous ce principe essentiel : un investissement réussi vous rapporte immédiatement de l'argent, soit grâce à une location avec un loyer supérieur à l'emprunt, soit grâce à une revente en touchant une plus-value.

• Gagner de l'argent, ça prend du temps ?

Les gens vous diront qu'ils aimeraient bien investir dans l'immobilier et gagner plus d'argent, mais que malheureusement ils n'ont pas le temps de s'en occuper, souvent à cause de leur travail. En effet, faire comme moi plusieurs opérations immobilières successives demande du temps et beaucoup d'énergie.

Il faut se rendre disponible pour trouver un bien, l'acheter, signer le compromis et la vente définitive chez le notaire, chercher des entreprises en bâtiment, leur expliquer comment agencer le bien, suivre leur travail, et ensuite meubler, décorer le bien et trouver un locataire ou un acquéreur.

Mais dans la vie on n'a rien sans rien, donc il faut bien sûr être suffisamment motivé pour effectuer ces tâches en plus de son travail au bureau.

• Fixez vos objectifs et lancez-vous !

Chaque façon d'investir aura des avantages et des inconvénients, mais le plus important pour vous est de bien définir vos objectifs avant de vous lancer.

Souhaitez-vous privilégier votre résidence principale, constituer un capital pour votre retraite ou gagner de l'argent immédiatement tout en conservant votre capacité d'emprunt ?

Je voudrais gagner ma liberté financière

Q. : *« Je voudrais gagner ma liberté financière car j'ai peur de la précarité. Je voudrais être propriétaire d'une petite maison et je voudrais investir au mieux selon vos conseils. Je possède un capital de 80 000 euros et je perçois à partir de ce mois-ci 3 000 euros d'indemnité chômage. Comment pensez-vous que je doive procéder, dans quel ordre ? »*

Le conseil d'Elise Franck
Vous avez raison de vouloir gagner votre indépendance financière. Pour cela, il serait bien que vous soyez propriétaire (soit de votre résidence principale, soit d'autres biens que vous pouvez louer), car plus on avance en âge, plus c'est difficile (moins d'embauches, moins de possibilités d'emprunt, plus de problèmes de santé, moins d'opportunités…) et moins on est à même de faire face à certaines situations difficiles.
Mais je n'ai pas bien cerné quelles étaient vos priorités. J'ai l'impression que vous avez plusieurs projets en tête mais que vous n'avez pas encore décidé vers lequel aller. Vous dites que vous souhaitez

reprendre une formation, que vous avez comme projet de faire du conseil et en parallèle que vous souhaitez rester dans l'industrie car c'est le domaine que vous connaissez le mieux… Mais en même temps, vous souhaitez gagner de l'argent et devenir indépendante.
Il me semble que vous devez d'abord savoir exactement quelles sont vos priorités, car avoir plusieurs projets c'est bien, mais il faut avant tout être logique et ne pas se fixer trop de buts en même temps, car vous risquez de n'en réaliser aucun. Réfléchissez et mettez bien au clair vos priorités :

– avoir des revenus stables et réguliers ?
– vous constituer une sécurité financière en cas de coups durs ?
– gagner votre liberté pour cesser de vous préoccuper de votre avenir ?
– vous acheter une maison ?
– rester en location (car vous ne payez pas cher) et en profiter pour investir dans l'immobilier ?
– suivre une formation supplémentaire pour accéder a un métier qui vous correspond plus ?
– privilégier avant tout le fait d'avoir un emploi pour pouvoir emprunter et vous enrichir ?

Souhaitez-vous privilégier le côté « sécurité financière » de votre vie, ou plutôt profiter immédiatement de votre argent et faire ce que vous aimez ?

Pour ma part, j'ai toujours fonctionné par étapes, en pensant que la stabilité et la sécurité financière étaient la base pour commencer sérieusement autre chose et surtout pour ne plus être « polluée » par des questions purement matérielles. Ensuite, tout devient beaucoup plus clair et plus facile.
Dans votre cas, si votre premier objectif est la sécurité financière, je pense que la priorité aujourd'hui est de retrouver un emploi en CDI, même s'il n'est pas équivalent à celui que vous aviez. Le fait d'avoir

des revenus réguliers est important car vous pouvez alors emprunter à la banque pour acheter dans la pierre et vous constituer peu à peu patrimoine.
Si vous souhaitez avant tout gagner votre liberté et ne plus avoir peur de la précarité, je vous conseille de rester locataire, de décrocher un CDI et d'acheter le plus tôt possible un appartement que vous pourrez louer. Comme vous avez un apport conséquent (80 000 €uros) si vous achetez un petit deux pièces dans une grande ville, vous pourrez bénéficier immédiatement d'une grosse part de vos revenus fonciers. Ainsi, avec ces revenus et le montant de votre salaire, vous pourrez emprunter de nouveau pour acheter un deuxième bien, voire un troisième. Si vous souhaitez avoir des revenus nets plus conséquents, il vous suffit de revendre au bout d'un ou deux ans pour récupérer une plus-value et vous acheter ensuite un bien au comptant (sans emprunt bancaire). Vous pourrez donc, au bout de quelques années, bénéficier d'un revenu net correspondant à un mois de salaire moyen (1 400 à 1 600 €uros). Mais ce projet ne peut pas être entrepris à la légère car cela prend du temps et demande quelques sacrifices (temps, efforts, démarches administratives, travaux, location, vente...)

– dans le cas d'investissements locatifs classiques (le loyer paye l'emprunt de la banque) vous « placez » en quelque sorte votre argent dans l'immobilier pour une longue période. Ce cas de figure vous permettra de vous assurer une retraite confortable, d'assurer vos vieux jours, ou de transmettre votre capital à vos enfants ;
– dans le cas où vous investissez en acquérant et en revendant votre résidence principale, les bénéfices que vous percevez sont immédiats mais vous privilégiez avant tout votre lieu de vie et vous pouvez difficilement emprunter par ailleurs ;

– avec ma méthode sur quatre ans, vous pouvez bénéficier de revenus immédiats tout en conservant votre capacité d'emprunt. (voir « les bases de ma stratégie gagnante »).

J'ai depuis longtemps envie de devenir rentier

Q. : *« J'ai 27 ans et depuis longtemps l'envie de devenir rentier. Non pas par paresse, ni par matérialisme mais, comme vous le dites, pour avoir le choix et ne plus être contraint d'aucune façon.*
Parti de 0 euro il y a 7 ans, j'ai économisé petit à petit et investi progressivement en bourse. Aujourd'hui, j'ai un capital de 80 000 euros. C'est assez modeste au regard de l'investissement personnel en temps et en énergie mais je ne bénéficie pas de l'effet de levier du crédit, car il n'est pas possible d'emprunter pour investir en bourse et les impôts sur les plus-values sont considérables (28 %).
Le plus dur, c'est la solitude face à ce projet de devenir rentier, car dès que l'on en discute, pour les gens tout est risqué : la bourse, être à son compte, etc. Derrière ce discours, on sent beaucoup de ressentiment et d'aigreur, de subir sa vie en permanence (métro, boulot, tv, dodo, course le samedi après-midi, grasse mat le dimanche) et d'attendre toujours tout du « gouvernement », de son patron, etc. pour améliorer sa condition de vie.
Votre histoire est rafraîchissante et fait plaisir à lire, elle m'encourage à me diversifier vers l'immobilier, qui m'a toujours fait peur jusqu'ici, du fait du crédit (je n'en ai jamais fait de ma vie, j'achète tout comptant !) et de la crise de 1990. »

Le conseil d'Elise Franck
Je trouve dommage que vous ayez gagné 80 000 €uros et que vous vous arrêtiez en si bon chemin ! Je vous conseille en effet d'investir dans la pierre, de préférence dans une grande ville. Le fait d'avoir

maintenant un capital est très avantageux, puisque vous pouvez utiliser tout ou partie de votre apport et toucher ainsi l'intégralité ou partie du loyer immédiatement. Si vous ne pouvez pas emprunter en plus de cette somme, celle-ci peut quand même vous permettre d'acheter un studio. Vous le revendrez dans quelques années pour récupérer une plus-value et une fois votre capacité d'emprunt retrouvée, vous pourrez par exemple acheter deux surfaces à louer.
Le fait d'acheter tout au comptant est une bonne chose : je le fais moi aussi dans tous les cas... sauf pour investir dans l'immobilier ! En effet, à partir du moment où vous achetez un bien pour le louer, le montant du loyer doit couvrir celui des remboursements. Vous profitez de l'effet de levier qui vous permet de devenir propriétaire sans sortir un centime de votre poche, puisque c'est votre ou vos locataires qui paieront votre emprunt. Dans votre cas, ce serait dommage de s'en priver.
En revanche, pour toutes les autres dépenses (voyages, résidence principale, voiture, équipement maison...) surtout ne jamais s'endetter. Vivre au-dessus de ses moyens n'a jamais enrichi personne... bien au contraire !

Pour que ma méthode réussisse et s'applique au mieux, il faut tenir compte d'un certain nombre d'éléments incontournables et valoriser au maximum chaque étape de votre investissement.

Les étapes importantes de mon plan d'investissement sont les suivantes :

– l'achat,
– les travaux,
– la vente,
– la location,
– l'achat – revente.

Toutes ces étapes doivent être respectées scrupuleusement pour obtenir un résultat final optimal qui, une fois cumulé et multiplié par le nombre d'opérations effectuées, permettra de générer des revenus conséquents.

En détaillant chacune de ces étapes, je vous expliquerai les points forts qui ont caractérisé mes opérations et je vous donnerai tous les conseils et astuces pour que vous puissiez à votre tour devenir rentier en quelques années.

Je suis acteur de ma vie

Q. : *« Je suis à mon compte depuis 8 mois. Pour gagner plus, mais surtout pour ne plus dépendre d'un patron et être un pion dans le rêve d'un autre. Aujourd'hui, je dépends de mes clients, mais je suis pleinement "acteur" de ma vie. »*

Le conseil d'Elise Franck

Pour ma part, je n'ai jamais écouté que moi-même, sinon je serais encore entrain de servir le café ou de ranger des dossiers pour mes patrons, et je continuerais à entendre dire que "je ne suis pas assez ceci ou cela, trop ceci ou trop cela…"

Ne nous laissons pas polluer l'esprit par des gens qui souhaitent tout sauf notre réussite. Moi, je n'ai jamais eu besoin de l'accord ni du soutien de personne pour avancer dans la vie et réaliser mes projets. Savoir se débrouiller seul est une force. Au final, on est toujours seul à prendre des décisions, personne ne le fera à notre place. Il faut donc, autant que possible, s'entourer de gens positifs, écouter leurs conseils mais surtout, toujours garder confiance en soi et en son avenir.

Chapitre 1

L'ACHAT

• Trouver « une affaire » : l'élément de base pour investir

L'achat du bien est l'une des étapes les plus importantes pour un investisseur immobilier. Pas de plus-values ni de bons rendements locatifs sans prix d'achat en dessous du prix du marché. Il faut donc, pour trouver « une affaire » être quotidiennement à l'affût des offres et savoir être très réactif au moment de la décision d'achat.

Non seulement il faut une veille permanente et quotidienne du marché immobilier (en consultant tous les jours les sites immobiliers des agences et des particuliers, en allant voir les agences, en enquêtant auprès des concierges d'immeubles...) pour guetter les nouvelles offres et repérer les bonnes affaires, mais il faut également faire preuve de réactivité et de disponibilité.

Il m'est arrivé souvent, surtout à mes débuts, de trouver une offre intéressante sur internet pour apprendre, une fois que j'avais le vendeur ou l'agence en ligne, que le bien était vendu.

C'est ainsi que je me suis rendu compte que contrairement à ce que disaient beaucoup de gens, il y a bel et bien des affaires sur le marché, le tout est d'en être informé à temps et d'être suffisamment disponible pour se rendre immédiatement sur place.

Les bonnes affaires sont rares aujourd'hui et dès qu'il y en a une en vente, les investisseurs avertis sont en général nombreux à vouloir l'acquérir. C'est la raison pour laquelle les biens dont le prix au mètre carré est en dessous du prix du marché ne restent que très peu de temps en vente.

Il arrive parfois que certaines agences laissent volontairement leur offre sur le journal ou sur internet alors que le bien est déjà vendu ; cela leur fait de la publicité et leur permet d'attirer les acheteurs potentiels. Les acquéreurs appelleront pour un bien qui n'est plus en vente, mais l'agence pourra leur en proposer d'autres à la place…

Repérer une annonce sur internet ne suffit donc pas pour « dénicher » une affaire.

Les deux points essentiels pour trouver une affaire sont :

– Être informé avant les autres ou le plus tôt possible des nouvelles offres qui arrivent sur le marché.
– Être réactif et être le premier à proposer un prix d'achat.

En effet, bien qu'il me soit arrivé de tomber sur des particuliers ou des agences pas très honnêtes, qui s'amusaient à monter les enchères, le prix affiché sur une annonce doit être celui auquel sera vendu le bien. Le vendeur ou l'agence sont sensés vendre au prix affiché ou à un prix plus bas, mais pas plus haut. Ainsi, si vous êtes le premier à vous manifester pour acquérir le bien que vous avez repéré, vous êtes également prioritaire sur l'achat du bien. Si une autre personne se présente après vous et propose le même prix, vous serez toujours prioritaire. Idem si une autre personne propose un prix plus élevé après vous, si vous vous alignez sur son prix ou que vous proposez un prix plus élevé, vous êtes toujours prioritaire. D'où l'importance d'être très réactif sur ce type de biens.

Un deuxième élément important au moment de l'achat est l'expérience. En effet, avoir de l'expérience dans le domaine (c'est-à-dire avoir effectué déjà plusieurs opérations d'investissement) permet de prendre rapidement la décision d'acheter ou pas et de juger efficacement en peu de temps si l'affaire est intéressante, pourquoi elle l'est et ce que l'on peut faire pour augmenter sa valeur.

Il faut avoir pour cela une connaissance précise du marché immobilier et des différents acteurs qui le composent. Cette connaissance vous permettra d'être plus réactif que les autres et surtout vous donnera « le flair » pour distinguer une vraie bonne affaire d'une mauvaise et éviter ainsi de prendre des risques. Car, en effet, les affaires qui paraissent intéressantes ne le sont pas toujours… (cf. « ce qu'il faut savoir avant d'acheter de l'immobilier », p. 28.)

• Faut-il acheter ou louer sa résidence principale ?

Cette question est importante car si vous choisissez d'investir dans l'immobilier pour vous constituer des revenus supplémentaires, la meilleure solution n'est pas forcément d'acheter sa résidence principale.

Comment conserver sa capacité d'emprunt ?

Q. : *« Je viens de terminer la lecture de votre livre que j'ai dévoré. Je voudrais me servir de votre méthode pour améliorer mon niveau de vie, mais j'ai quelques interrogations :*

- *J'ai bien compris que vous aviez contracté des prêts bancaires pour financer l'achat de vos appartements à louer, cependant, même avec un emploi salarié, comment garder une capacité d'emprunt suffisante pour pouvoir acquérir mon habitation principale dans quelques années ?*
- *Avez-vous déjà remboursé tous vos emprunts grâce à vos loyers ? »*

Le conseil d'Elise Franck

En effet, comment faire pour concilier les deux : habitation et investissement ? C'est une question que l'on me pose souvent…

On pense toujours en priorité à sa résidence principale car inconsciemment cela doit être sécurisant d'habiter dans un appartement ou une maison dont on est propriétaire… pourtant, avoir des biens d'investissement l'est tout autant voire même plus, puisque vous pourrez, si vous vous y prenez bien, acheter plusieurs biens même avec un revenu moyen, alors qu'une fois qu'on a emprunté pour sa résidence principale, en général, la capacité d'emprunt est épuisée…

Donc comme je le dis dans mon livre, je conseille d'utiliser l'intégralité de sa capacité d'emprunt pour les investissements locatifs, car vous pourrez alors plus facilement et plus rapidement vous enrichir. Mais avec des revenus bas ou moyens, il est très difficile voire impossible souvent de faire les deux… à moins bien sûr d'avoir les moyens et de payer votre résidence principale en apport propre sans emprunt bancaire…

Pour ma part, moi et mon mari vivons toujours en location, car nous avons un grand appartement en plein centre qui vaut aujourd'hui le double en terme de loyer… c'est aussi grâce à cela que j'ai pu acquérir rapidement plusieurs biens…

J'ai déjà remboursé en effet les trois quarts de mes emprunts grâce à mes loyers, à mes économies et à mes plus-values.

En effet, avant d'acheter votre résidence principale pensez à bien calculer la capacité d'emprunt qu'il vous restera après l'octroi du prêt. La banque n'accepte que les mensualités ne dépassant pas 30 à 33 % du revenu mensuel brut tous prêts confondus et loyers compris. Ainsi, vérifiez avant d'acquérir votre maison ou votre appartement, quelle capacité d'emprunt il vous restera après. Si celle-ci devient nulle après avoir

acheté votre résidence principale, vous ne pourrez que difficilement investir à nouveau dans l'immobilier avant quelque 20 à 30 années… sauf à revendre votre résidence principale.
Si vous ne désirez pas faire d'investissements locatifs et que vous gagnez suffisamment pour vous acheter le bien qui vous convient, je vous recommande fortement d'acheter, car ce bien vous appartiendra vraiment dans quelques années et vous pourrez le transmettre à vos enfants. De même, lorsque le bien où vous vivez vous appartient, vous pouvez le transformer à votre guise, faire des travaux ou l'embellir à votre convenance.
En revanche, si vous souhaitez investir dans l'immobilier, ou si vous voulez appliquer ma méthode pour devenir rentier en quelques années, je vous conseille plutôt de minimiser le loyer de votre résidence principale pour profiter pleinement de votre capacité d'emprunt et pour pouvoir toucher les revenus locatifs de vos investissements. En effet, si vos revenus locatifs couvrent ou dépassent vos mensualités de remboursement du prêt, la banque sera plus disposée à vous consentir de nouveaux prêts et vous pourrez ainsi vous acheter plusieurs biens en quelques années.

Les raisons pour lesquelles il est préférable de louer son logement principal et d'utiliser sa capacité d'emprunt pour faire des investissements sont les suivantes :

Vous pouvez acheter plusieurs biens puisque les revenus locatifs couvrent les emprunts.
En effet, si vous achetez un appartement pour y vivre, les mensualités de remboursement de votre prêt bancaire constitueront un coût, alors que si vous achetez pour louer, vos mensualités d'emprunt seront couvertes par le loyer que vous percevrez. Cependant, lorsque vous voulez emprunter de nouveau après avoir fait un investissement locatif, cela n'annule pas pour autant le ou les prêts que vous avez contractés pour vos investissements précédents. En effet, la banque ne vous

prêtera pas le même montant selon que vos revenus salariaux ou patrimoniaux. Pour le revenu salarial, la banque prend en compte la totalité du montant que vous touchez avant d'appliquer un pourcentage de 33 %. Alors que pour les revenus patrimoniaux, la banque considère qu'il y a toujours un risque que vous ne perceviez pas de loyer. Elle ne prendra donc en compte que 70 % du montant des loyers perçus, contre 100 % de vos revenus salariaux. Ainsi, lorsque vous avez déjà un bien ou deux en location, et que vous souhaitez refaire un emprunt, la banque fera la somme de vos revenus + 70 % de vos revenus patrimoniaux et vous prêtera 33 % de la somme globale.
La banque vous autorise donc des crédits supplémentaires car elle agrège vos revenus locatifs à vos revenus habituels. Ainsi, il est important de pouvoir louer plus cher que ce que vous coûtera le remboursement de votre prêt bancaire, puisque dans ce cas, votre capacité d'emprunt sera plus importante. Si le loyer couvre largement la mensualité d'emprunt vous pouvez emprunter de nouveau.

Emprunter sur du long terme ou du court terme ?

Q. : *« Si vous empruntez sur du très long terme, vos mensualités sont plus basses mais vous remboursez moins de capital et plus d'intérêts. Si vous empruntez sur du court terme (en vous assurant que le montant du loyer perçu couvre celui du remboursement de l'emprunt), vous ne dégagez pas de revenus en excédent mais vous vous constituez un patrimoine et vous pouvez aussi faire du déficit foncier. Le souci est que l'on arrive très vite à sa capacité d'endettement maximale.*
Alors, emprunter à long terme ou à court terme ? À taux fixe ou à taux variable ? »

Le conseil d'Elise Franck

C'est vrai que si vous empruntez sur une période maximale vous allez payer plus d'intérêts, mais peu importe puisque c'est en fait votre locataire qui le fera tous les mois en vous versant le loyer. L'important est en effet que votre loyer couvre ou dépasse le montant de votre emprunt. Or, si vous empruntez sur une courte ou moyenne période il est difficile aujourd'hui d'obtenir des loyers qui couvrent l'emprunt (sauf si vous aviez un apport personnel important).

Il vaut mieux selon moi emprunter sur une durée maximale et toucher tous les mois le surplus du loyer. Il faut toujours privilégier la mensualité la plus basse qui vous permettra justement de gagner un peu tous les mois. Préférez toujours le taux fixe sur ces longues périodes car un taux variable est trop risqué, et demandez toujours une clause de remboursement sans frais qui vous permettra éventuellement de rembourser votre emprunt avant le terme.

Si vous percevez immédiatement un surplus de loyer, vous serez gagnant pour les raisons suivantes :

– Vous aurez plus de flexibilité et pourrez choisir de faire de ce surplus d'argent ce que vous voulez (l'économiser, l'utiliser pour un achat, le placer, rembourser une partie de votre emprunt après avoir économisé…).
– Vous prenez moins de risques : lorsque l'on emprunte sur plusieurs années, on ne sait pas comment va évoluer le marché immobilier, vous aurez peut-être des frais de travaux à prévoir, ou un locataire qui tarde à payer, voire qui ne paye pas durant quelques mois. Le fait d'avoir un loyer supérieur à vos mensualités minimise les risques : une baisse des loyers qui suit celle des prix de l'immobilier par exemple. Si vous avez épargné votre surplus régulièrement vous pourrez plus facilement faire face à ce genre de déconvenue.

– Les taux d'intérêt peuvent monter : donc mieux vaut profiter des taux qui sont encore bas actuellement pour une longue période plutôt que pour une période plus courte, car dans 10 ans lorsque vous voudrez emprunter de nouveau après avoir remboursé votre emprunt les taux pourraient être plus élevés.

En achetant votre résidence principale à crédit, vous devez payer tous les mois le remboursement de votre prêt immobilier. Cette mensualité est souvent plus élevée que le loyer d'un bien équivalent que vous auriez loué, surtout si vous louez votre résidence principale depuis de longues années et que votre loyer est donc plus bas que le prix du marché.

En achetant à crédit un bien qui sera ensuite loué, votre trésorerie est préservée puisque les revenus locatifs couvrent les mensualités et peuvent même les dépasser (voir chapitre « location »).

Acheter sa résidence principale à crédit et la garder toute sa vie permet surtout de la léguer à ses enfants et n'apporte aucun revenu dans le foyer. C'est une forme d'épargne « forcée », pas un véritable investissement.
Lorsque vous êtes locataire, vous pouvez quitter les lieux quand vous voulez, il suffit d'en avertir le propriétaire par lettre recommandée.

Lorsque vous avez acheté un bien de grande taille pour y loger votre famille, vous n'êtes pas toujours sûr de pouvoir le revendre rapidement ni au meilleur prix.

Louer votre résidence principale vous revient donc le plus souvent moins cher que de l'acheter. Évidemment, le bien ne sera pas à vous au bout de 25 ans, mais, finalement est-ce si important ?

Oui, me direz-vous si vous n'avez aucun autre capital. En revanche, si vous utilisez votre capacité d'emprunt pour investir dans l'immobilier au lieu de le dépenser dans l'achat de votre logement, vous en sortirez largement gagnant au bout du compte.

Acheter sa résidence principale à crédit va vous gêner à un moment ou à un autre pour faire d'autres emprunts, va vous coûter très cher en frais d'entretien ou de copropriété et ne vous apportera aucun revenu.

Maintenant à vous de choisir !

• Ce qu'il faut savoir avant d'acheter de l'immobilier

Les conditions pour acheter

Pour acheter un bien immobilier aujourd'hui, il suffit d'avoir un salaire ou un revenu régulier. Peu importe finalement que votre salaire soit élevé ou très bas, l'essentiel est de commencer. Achetez un premier bien en fonction de ce que votre banque est disposée à vous prêter, même si cela peut-être au départ une petite surface.

Évitez cependant d'acheter une surface trop petite. En effet, un logement considéré comme décent doit au moins avoir une surface de 9 m^2 avec une hauteur sous plafond de 2,2 m^2. A défaut, le volume habitable doit être minimum de 20 m^3.
Il fut un temps où mentionner la Loi Carrez dans le contrat de vente n'était pas obligatoire. Mais depuis 1996, la mention de la superficie est obligatoire sous peine de nullité de l'acte.

Vérifiez bien ce point et le cas échéant faites remesurer l'appartement par un expert lorsque vous rentrerez dans les lieux si cela n'a pas été fait, car si la Loi Carrez oblige le vendeur à mentionner la superficie du bien, elle ne l'oblige pas à la faire établir par un professionnel !
Il peut donc simplement mesurer lui-même le bien qu'il vend et ce sera à ses risques et périls car si la superficie réelle du bien s'avère être inférieure de plus d'un vingtième (5 %) à celle mentionnée dans l'acte, l'acquéreur peut demander une diminution proportionnelle du prix dans un délai d'un an après la signature de l'acte définitif.

Le financement

Comme je l'ai dit, je conseille le recours au crédit bancaire pour les investissements immobiliers. Pour votre premier investissement, je vous conseille de rajouter, si possible, une partie en capital propre. Cela vous fera des mensualités moins importantes, facilitera l'obtention de l'accord de la banque pour le prêt et pour la première affaire, comme dit plus haut, il est important de mettre toutes les chances de son côté.

Le conseil d'Elise Franck
Nombreux sont ceux qui me demandent comment on peut constituer un capital de départ lorsque l'on n'a pas de gros revenus. Je leur conseille d'appliquer les principes que préconise Olivier Seban dans ses livres* et que j'applique moi-même : ne faites jamais de crédit à la consommation, surveillez vos dépenses de tous les jours pour vous assurer qu'elles sont vraiment indispensables et, surtout, « payez-vous en premier ». « Se payer en premier » c'est mettre en place un virement automatique, au début de chaque mois, depuis le

* *Toutes les femmes méritent d'être riches*, Maxima 2008
Tout le monde mérite d'être riche, Maxima, 2006.

compte bancaire où sont versés vos revenus (salaire, retraite…) vers un compte d'épargne. Olivier Seban recommande de se payer en premier au minimum à hauteur de 10 % de ses revenus, et il démontre que tout le monde peut le faire. Certains arriveront même à épargner ainsi 15 voire 20 % ! Cette épargne va se constituer au fil des mois et, grâce aux livres d'Olivier Seban, vous allez découvrir comment la faire fructifier à des taux beaucoup plus intéressants que ceux proposés en général par les banques.
Cela vous permettra d'aller voir les banques avec un apport personnel qui vous aidera à négocier le prêt immobilier dont vous avez besoin.

Il n'est pas toujours facile de trouver au départ une banque qui soit disposée à vous prêter de l'argent à un taux intéressant. Or il est important que la banque vous prête de l'argent à un taux le plus bas possible pour diminuer au maximum le montant des mensualités de remboursement.

Comment amadouer un banquier ?

Q. : *« J'ai acheté un petit immeuble 60 000 euros il y a 6 ans en SCI. Après cinq ans et demi à y passer les week-ends, les vacances et les jours fériés, cet immeuble est aujourd'hui valorisé environ 300 000 euros. Donc, pour ce qui est d'avoir su dénicher un « potentiel », je pense avoir eu tout bon. Lorsque le dernier appartement sera achevé, la SCI dégagera un bénéfice net de 1 000 euros mensuels.*
Il y a trois ans, j'ai acheté une maison pour moi et je souhaite aujourd'hui faire l'acquisition d'un autre immeuble (dont les appartements sont occupés, donc avec une rentrée d'argent immédiate)… mais pas moyen d'obtenir un prêt bancaire. Comment puis-je amadouer un banquier ? Merci et bravo pour le livre. »

Le conseil d'Elise Franck

Si vous avez des rentes immédiates qui peuvent couvrir les mensualités de remboursement du prêt, la banque devrait pouvoir vous avancer la somme nécessaire, *a fortiori* si vous pouvez démontrer que votre investissement est rentable et peu risqué… En l'occurrence, vous disposez des 1 000 € de la SCI ainsi que des loyers du nouvel immeuble que vous voulez acquérir. Voyez si cela suffit.

Si la banque ne vous prête pas la somme suffisante pour l'ensemble de l'immeuble, vous pouvez toujours envisager de l'acheter avec un autre investisseur.

Cette façon de faire est de plus en plus répandue car elle permet de partager les frais de rénovations éventuels et d'acquérir une plus grande surface qu'en achetant tout seul (plus la surface est grande, moins on paye cher au m^2 en principe). De plus, cela vous permet de profiter quand même de l'affaire sans être obligé de vous ruiner ou d'emprunter plus qu'il ne serait raisonnable…

Je vous conseille de consulter des courtiers de crédit (comme par exemple : meilleurtaux.com sur Internet). Vous pourrez ainsi faire des simulations et trouvez les meilleurs taux pratiqués.

Une fois que vous avez repéré les trois ou quatre banques qui proposent les meilleurs taux, allez les voir et parlez leur de votre projet d'investissement.

Si vous achetez pour louer privilégiez le taux fixe en veillant bien sûr à choisir votre banque en fonction du meilleur taux offert. Un taux fixe est plus intéressant pour planifier les flux de trésorerie, contrairement au taux variable qui peut augmenter et vous réserver des (mauvaises) surprises au bout de quelques années.

En revanche, si vous achetez pour revendre – une opération que nous verrons en détail plus loin – vous pouvez opter pour un taux variable, car il sera généralement moins élevé que le taux fixe et, sur une courte période, le risque qu'il augmente est limité.

Empruntez sur le maximum d'années que la banque est disposée à vous accorder, car vos mensualités seront ainsi réduites au minimum. Mais n'oubliez pas de négocier avec votre banquier une clause de remboursement anticipé sans frais !

Faut-il créer une SCI ?

Q. : « *Je tiens avant toute chose à vous remercier pour cette lumière que vous apportez car je traverse exactement ce que vous avez vécu : travail répétitif, ennuyeux, peu rémunérateur par rapport au travail fourni...*
Je crois avoir enfin trouvé LA solution pour faire ce que je veux de ma vie et pas l'inverse et je n'ai qu'une envie : me lancer dès que possible, car time is money !!!
Voici ma situation :
J'ai 24 ans, je suis assistante de direction (en intérim – j'attends un CDI pour bientôt).
Je vis en concubinage avec mon ami et nous sommes hébergés à titre gratuit par ses parents dans un studio à Paris.
Cette situation nous permet de faire des économies, et nous avons ensemble une épargne d'environ 15 000 euros.
L'achat éventuel d'une résidence principale pour y vivre ne me convient pas car nous recherchons avant tout l'indépendance financière. Mais si nous achetons pour louer ou revendre, nous conseillez-vous de créer une SCI ? »

Le conseil d'Elise Franck

Non il n'est pas nécessaire de créer une SCI. Les points essentiels à savoir sur la SCI sont les suivants.

Lors de l'acquisition d'un logement, les époux ou concubins ont le choix entre :

– acheter le bien en commun, autrement dit en indivision, ou
– constituer une SCI qui deviendra l'unique propriétaire du bien.

Acheter en commun peut poser des problèmes au moment de la dissolution du couple, qu'elle soit due à une séparation ou à un décès.

En effet, en cas de désaccord dans une situation de séparation, l'indivision présente un inconvénient majeur : chacune des parties unilatéralement peut demander au Tribunal la mise en vente du logement. En cas de décès, d'autres inconvénients se présentent. L'indivision peut empêcher l'un des survivants (notamment le concubin) de rester dans les lieux.

La constitution d'une SCI permet, en cas de rupture ou de décès, de faciliter le sort du bien. Les membres de la SCI détiennent uniquement des parts sociales qui sont plus faciles à partager qu'un logement. En outre, un seul associé ne peut pas exiger la dissolution de la SCI.

Pour un couple marié sous le régime de la communauté, la constitution d'une SCI destinée à acquérir la résidence principale n'est pas spécialement recommandée. Car, en cas de rupture, la Loi prévoit obligatoirement l'attribution du logement à celui des époux qui en a le plus besoin.

La SCI peut néanmoins constituer un outil de gestion de patrimoine très utile. Elle peut permettre d'associer les enfants et les parents dans un achat immobilier (une résidence secondaire ou une maison de famille par exemple). Par la suite, la transmission de la part des parents aux enfants ou aux petits-enfants pourra se faire progressivement, avec un coût fiscal mieux étalé dans le temps.

Les principaux inconvénients de la SCI sont liés au fait que, comme toute société, sa création et sa gestion impliquent un certain nombre de règles : respect des procédures de création et de gestion, obligations juridiques, comptables et fiscales (assemblée générale annuelle, publication des comptes…).
Une société qui ne respecterait pas ces obligations pourrait être considérée comme fictive par l'administration fiscale. La société serait déclarée nulle, ce qui entraînerait la dissolution de la SCI, donc un transfert de propriété du bien immobilier aux associés ainsi que la taxation des plus-values latentes.
C'est donc un choix très personnel lié à votre situation familiale. Je n'ai moi-même pas voulu créer une SCI car ma méthode d'investissement prévoit des achats-revente et des locations en meublé, or le caractère non commercial de la SCI empêche d'acheter un appartement dans le but de le revendre (ce serait un acte de commerce).

Les taxes

La taxe foncière et la taxe d'habitation sont à prendre en compte au moment de l'achat.

1 – La taxe d'habitation est due par le locataire qui occupe les lieux depuis le mois de janvier de l'année en cours. Elle doit être acquittée une fois par an.

2 – La taxe foncière est due par le propriétaire et doit être payée une fois par an.

La taxe d'habitation est très variable en fonction des quartiers ou des villes. Elle peut aller du simple au double. Ainsi, il est important d'en vérifier le montant avant d'acheter un bien. Cette somme n'influera pas de façon conséquente sur la plus-value que vous comptez réaliser en faisant un achat-vente. Mais je la considère comme un élément à connaître au moment de l'achat. Je demande toujours le montant de la taxe d'habitation et de la taxe foncière à titre d'information, mais ces taxes ne remettent pas en cause la rentabilité générale de l'investissement.

• Faut-il passer par une agence ?

En ce qui me concerne, je passe souvent par une agence lorsque j'achète un bien. Comme l'agence a un rôle d'intermédiaire entre le vendeur et l'acheteur, elle pousse parfois le vendeur à baisser le prix qu'il demande si elle l'estime trop élevé. L'agence joue donc un rôle de régulateur du marché et, dans certain cas, cela peut-être bénéfique pour l'acheteur.

Par ailleurs, dans la majorité des cas, les agences immobilières sont pressées de vendre, car leurs concurrents sont nombreux et les biens de qualité proposés à la vente sont rares. Dans leur intérêt et pour éviter qu'une autre agence vende le bien à leur place, ils chercheront toujours à faire baisser un peu le prix de vente s'ils sentent que l'affaire peut se conclure rapidement.

Dans ce cas, cela ne vous revient pas forcément plus cher de passer par une agence, puisque le prix aura été négocié par l'agent avant d'être rehaussé par la commission. Ainsi, à moins que vous ne soyez un négociateur averti, vous auriez payé dans la plupart des cas le même prix en achetant en direct.

De même, certains biens intéressants ne sont pas accessibles directement aux éventuels acheteurs particuliers puisque les personnes souhaitant confier la vente de leur bien à un professionnel passeront uniquement par une ou plusieurs agences. En privilégiant exclusivement les annonces entre particuliers vous risquez donc de rater des opportunités.

Si vous passez par une agence, il n'y a aucun moyen de savoir si celle-ci a ajoutée sa commission au prix initial de vente du propriétaire ou s'ils ont discuté ensemble au préalable pour abaisser ce prix et rajouter ensuite la commission d'agence afin d'arriver à un prix correspondant au marché. Vous n'aurez aucun moyen de le savoir précisément, et bien sûr ce ne sont pas des questions à poser à l'agence, puisque ça ne regarde que les deux parties concernées, c'est-à-dire l'agence et le propriétaire.

Quoi qu'il en soit, cela vous importe peu puisque si le produit est à vendre par l'agence, vous ne pourrez plus l'acheter directement au propriétaire. L'important pour vous en tant qu'acheteur est de calculer le prix au m^2 pour voir si celui-ci correspond bien au prix du marché, et s'il est trop élevé, vous pouvez toujours proposer un prix plus bas. L'agence à ce moment-là baissera sa commission ou demandera au propriétaire de baisser son prix de vente.

Sachez que vous ne pourrez pas tout contrôler. Et encore une fois, les agences, en général, font en sorte que le vendeur et l'acheteur y trouvent tous les deux leur compte. Par contre, il ne faut pas hésiter à négocier si le prix vous semble un peu trop haut. Les agences aident aussi à négocier le prix auprès des vendeurs puisqu'ils ont un rôle d'intermédiaire. Ainsi, si vous ne cherchez pas à faire baisser le prix, ils ne le feront pas à votre place, puisque leur intérêt est que la transaction se fasse et qu'ils puissent toucher leur commission. Si le prix de vente est plus élevé, leur commission le sera aussi...

En revanche, si vous montrez votre intérêt et que vous proposez un prix plus bas, ils vont négocier à leur tour avec le propriétaire et comme ce sont des professionnels et qu'ils ont à la fois l'habitude et l'expérience de ce genre de choses, ils le feront le plus souvent avec succès.

Si vous achetez directement à un particulier je vous conseille de toujours négocier le prix, car le vendeur ne vous montrera jamais qu'il est pressé de vendre ou encore que son bien ne suscite pas d'intérêt. Et si le vendeur ne souhaite pas négocier, il sera toujours temps pour vous d'acheter au prix demandé dans la mesure où vous êtes sûr que ce bien correspond à vos plans.

• Les éléments à prendre en compte lorsque l'on achète pour louer

Lorsque l'on achète un bien pour le louer il faut :

– éviter d'acheter un bien trop grand : en effet, les surfaces qui se louent le mieux, surtout dans les grandes villes, sont les studios et les appartements de petite taille ; il faut donc autant que possible privilégier ce type de biens si l'on veut trouver rapidement un locataire et louer à un bon prix ;
– éviter d'acheter un bien qui se trouve à un étage trop élevé, au rez-de-chaussée d'un immeuble donnant sur la rue ou encore un appartement trop sombre, car les locataires seront immédiatement sensibles à ces éléments qu'ils jugent importants avant de s'installer quelque part ;
– éviter d'acheter un bien atypique : renseignez-vous sur les normes classiques des appartements, surtout en ce qui concerne le nombre de pièces par mètres carrés. Par exemple, un deux pièces à Paris fait

environ entre 30 et 40 mètres carrés. Il faut donc éviter d'acheter un deux pièces de 60 mètres carrés ou un studio de 35 mètres carrés (ou éviter de transformer un appartement acheté pour obtenir ces volumes), car il se louera et se vendra moins bien ;

Grande ou petite surface ?

Q. : *« J'ai quelques questions avant d'investir dans un appartement. Tout d abord, est-ce qu'il vaut mieux en acheter un plus petit et garder des liquidités ou tout mettre dans l'acquisition d'un plus grand ? Ensuite, vaut-il mieux acheter un studio avec un minimum garanti par saison (et sans avoir à m'occuper de la mise en location) ou tenter d'en prendre un qui, apparemment, rapporterait plus à l'année mais avec le risque de voir partir le locataire et de ne pas en retrouver un autre rapidement ? »*

Le conseil d'Elise Franck

Je conseille en général d'opter plutôt pour deux appartements de petite taille plutôt que pour un grand appartement. En effet, les plus petites surfaces sont plus faciles à vendre et à louer donc vous aurez moins de risques de voir votre bien rester trop longtemps sur le marché ou de vous retrouver sans locataire. De plus, les petites surfaces offrent une meilleure rentabilité et vous aurez plus de flexibilité si vous optez pour deux biens : vous pouvez en vendre un, garder l'autre, vendre les deux ou louer les deux en fonction de vos besoins.

Bien sûr cela dépend aussi des affaires que vous trouverez. Si vous dénichez une bonne occasion sur un appartement plus grand, foncez… Mais je déconseille d'investir dans des appartements de plus de 70 m^2.

Évitez aussi les toutes petites surfaces, dont le prix n'est pas toujours intéressant et qui ne vont pas dégager une rentabilité intéressante.
Quoi qu'il en soit, si vous achetez un bien occupé avec un bail existant, en général vous n'aurez pas une très bonne rentabilité, sinon le propriétaire ne vendrait pas. Il s'agit en général de locataires en place qui payent un loyer bas, donc il faudra ensuite attendre la fin du bail pour donner son congé au locataire, sans avoir la certitude de pouvoir le faire puisqu'il faut une raison valable (vente ou occupation des lieux par le propriétaire)… tout dépend du type de bail, mais vous n'optez pas forcément pour la sécurité puisque le locataire peut décider de ne plus payer…
Votre locataire doit vous prévenir par lettre recommandée au moins un mois avant son départ, ce qui vous laisse en principe le temps de retrouver un nouveau locataire. En ce qui me concerne, je préfère louer « meublé » avec des contrats d'un an renouvelables, plutôt que d'avoir un locataire qui reste sur une trop longue période : tout simplement car les impayés sont beaucoup moins fréquents sur de courtes périodes et que l'on peut réviser régulièrement le loyer à la hausse si besoin. En outre, le loyer est plus élevé pour un appartement meublé, surtout si vous aménagez un intérieur moderne et un peu déco…
La location saisonnière peut être une solution idéale (surtout dans une grande ville) si vous souhaitez utiliser votre bien de temps en temps mais cela ne rapporte pas forcément plus à l'année puisque le taux de remplissage ne sera jamais de 100 %, donc ce que vous allez gagner en loyer sera perdu les mois où vous n'aurez personne. En outre, ce genre de location demande beaucoup de disponibilité et d'investissement (linge, nettoyage, logistique…

- il faut privilégier les biens se trouvant dans des quartiers prisés, de préférence en centre ville, proche des transports et toutes commodités, dans des quartiers qui ont peu de chance de se dévaluer. De cette façon, comme vous allez garder votre bien un certain temps, vous réduisez vos risques dans l'optique d'une revente future ;
- vous pouvez être moins exigeant sur l'état de l'immeuble et de la copropriété, car les locataires sont moins regardants concernant les parties communes et privilégient l'intérieur de l'appartement, son côté pratique, sa clarté son confort ou son charme.

Au-delà de ces principes généraux, certains éléments doivent être privilégiés en particulier lorsque l'on achète un bien dans le but d'en faire un investissement. En voici la liste.

Le prix

Bien sûr le prix est un élément essentiel, puisqu'en achetant un bien à un prix bas vous aurez plus de chance soit d'en obtenir une bonne rentabilité locative, soit de le revendre avec une belle plus-value. Personnellement, je pense que le prix est dans ce contexte, l'élément le plus important.

Vous vous en doutez, en règle générale les biens vendus à bas prix, ne le sont pas sans raison. Il y a toujours des vices plus ou moins cachés que vous devez détecter et analyser avant d'acheter. Ensuite, en fonction des éléments négatifs et du potentiel de l'appartement, vous vous faites votre propre opinion et en déduisez par la suite si ce bien réunit tous les atouts nécessaires pour un bon investissement.

Le potentiel d'amélioration

On dit qu'un bien a du potentiel lorsque l'on considère que les travaux que l'on va effectuer vont réellement transformer les lieux et lui donner une vraie valeur ajoutée. Par exemple, cela peut-être des poutres cachées que l'on va restaurer, un mur en pierre plâtré que l'on va découvrir, des combles que l'on va pouvoir transformer en mezzanine, etc.

La lumière

Un appartement sombre perd automatiquement de la valeur et vous ne pourrez pas le louer facilement car la luminosité d'un bien fait partie des priorités chez les acheteurs et les locataires. De plus, peu importe le montant des travaux que vous pourriez réaliser, ce point négatif est souvent impossible à améliorer.

Être réactif

Si vous tombez sur une annonce intéressante, renseignez-vous sur sa date de parution. C'est un indice important pour savoir si le bien est vraiment une affaire ou pas. Tous les biens que j'ai achetés (mis à part le premier) provenaient d'annonces qui avaient été publiées le jour même. Il est donc important de suivre attentivement les différents biens mis en vente et il est important aussi non seulement de le visiter le jour même de la parution, mais aussi de faire en sorte d'être le premier à le voir.

Si le bien vous intéresse et que vous pensez que c'est une affaire, n'hésitez pas trop longtemps, sinon il risque de vous passer sous le nez.

Il est parfois difficile, surtout si l'on n'est pas connaisseur, de juger en peu de temps si l'on est tombé sur « une affaire » ou pas. Mais vous pouvez déjà utiliser une règle simple, appliquée par la plupart des investisseurs avertis : tout ce qui peut-être modifié (l'état intérieur du bien, la copropriété, le nombre de pièces…) est secondaire et tout ce qui ne peut pas être modifié (l'orientation, la taille, l'étage, le quartier…) est primordial.

Repérer les défauts

Personne, et sûrement pas le vendeur ni l'agent immobilier, ne vous donnera tous les éléments négatifs de l'appartement que vous vous apprêtez à acheter.
Sachez qu'un vendeur particulier, même en passant par une agence, n'est pas tenu comme responsable des vices cachés du bien qu'il met en vente. Par contre tous les diagnostics qui, depuis quelques années ont tendances à se multiplier, ont pour but d'apporter à l'acheteur une plus grande transparence notamment sur l'état de l'immeuble.

Ces diagnostics à délivrer au moment de la promesse de vente et qui sont à la charge du vendeur, sont les suivants :

– la loi Carrez,
– la recherche d'amiante dans les parties communes et privatives,
– l'état parasitaire,
– le constat de risque d'exposition au plomb,
– le plan de prévention des risques naturels,
– le diagnostic sur la performance énergétique du logement.

Cependant, si vous ne découvrez pas par vous-même avant d'acheter que la toiture est en mauvais état, que les toilettes ne fonctionnent pas ou que l'électricité n'est pas aux normes, après la vente il sera trop tard pour réclamer ou pour négocier. Une fois que vous aurez signé le contrat de vente définitif, tout ce que vous découvrirez après la signature sera à votre charge et le vendeur, en tant que particulier, n'en est pas responsable.

• Les éléments à prendre en compte lorsque l'on achète pour revendre

Lorsque l'on achète dans le but de revendre immédiatement après, il faut tenir compte des éléments suivants.

Acheter de préférence dans les quartiers les moins recherchés, qui sont susceptibles de se développer et de prendre de la valeur dans les années à venir. Dans ces quartiers les prix sont parfois moins élevés et cela laisse une marge de manœuvre plus importante pour la revente. Si l'appartement a bien été mis en valeur, son prix de revente peut avoisiner les prix des quartiers proches plus prisés.
Au niveau du prix, il faut bien évidemment chercher des biens dont les prix sont très bas. Je vous conseille d'acheter à un prix ayant une décote de 30 % par rapport au prix du marché. Mais cela est variable en fonction des cas. J'ai par exemple acheté un bien au prix du marché car il y avait la possibilité d'aménager des combles, ce qui m'a permis, grâce aux travaux, de pratiquement doubler la surface de l'appartement.

À Paris, quels arrondissements faut-il privilégier ?

Q. : « *J'ai, comme vous, fait quelques investissements immobiliers, mais je me suis arrêté à mi-chemin pour acheter ma résidence principale. Aucun regret ; je prends beaucoup de plaisir à y vivre, mais il est vrai que cela réduit les possibilités d'emprunt comme vous l'indiquez dans votre livre. Il me reste néanmoins une petite capacité d'emprunt, et votre livre m'a donné l'envie de m'y remettre.*
Pouvez-vous me dire dans quels arrondissements de Paris et à quelle époque vous avez effectué vos investissements ?

Aujourd'hui, quels arrondissements recommanderiez-vous pour un achat/vente ? Pour un investissement locatif meublé classique ? Et pour un meublé court terme pour touristes ?
Je trouve votre forum très intéressant. Indépendamment des sujets immobiliers, il y souffle un courant de liberté, d'entrepreneurship (« en français dans le texte »), et de prise en main de sa destinée fort sympathique ! »

Le conseil d'Elise Franck
J'ai effectué ces investissements entre 2003 et 2006 dans les 2e, 11e, 18e et 10e arrondissements de Paris.
Pour un achat/vente, le mieux est de rechercher dans des quartiers « en devenir » c'est-à-dire qui sont en plein développement, et qui offrent encore à la vente des appartements en mauvais état et à bas prix, ce qui est vrai pour beaucoup d'autres villes que Paris. Dans la capitale, je pense essentiellement aux 20e, 19e, 18e, mais aussi pourquoi pas, en cherchant bien, dans le 12e, le 11e ou le 10e où le prix sera plus élevé mais où l'on peut trouver encore quelques affaires.
En fait le quartier n'est pas vraiment très important à partir du moment où vous trouvez une affaire. Et comme les affaires dans les beaux quartiers (à Paris comme ailleurs) sont rares, il faut savoir les acheter là où elles se trouvent.
Tout dépend également de votre budget et de vos projets d'investissement. Pour un investissement locatif, pour faire du meublé classique, c'est un peu pareil : tout dépend, en fait, du prix auquel vous achetez votre bien pour le louer. Car une affaire dans un quartier « coté » n'aura pas le même prix au m^2 qu'une affaire dans un quartier moins en vue.
À partir du moment où vous achetez votre bien à 20 ou 30 % moins cher que le prix du marché, vous mettez toutes les chances de votre côté pour avoir une bonne rentabilité. Moi j'ai privilégié des biens proches du centre ville, essentiellement pour des raisons pratiques

(comme pour l'instant je n'utilise pas d'agence pour gérer mes biens, je préfère qu'ils soient assez proches de chez moi). Mais les locations en meublé classique peuvent se faire un peu partout, à partir du moment où le quartier reste correct.
Pour un meublé court terme pour touristes, il faut choisir, évidemment, des quartiers touristiques (à Paris : Montmartre, Louvre, St-Honoré, Marais, Montorgueuil, Saint-Germain...) mais les affaires y sont très rares voire inexistantes...
Par ailleurs, avec ce type de locations vous aurez un gros travail de gestion à prévoir et, de plus, vous aurez acheté cher, donc votre rentabilité ne sera pas forcément intéressante. Prenez en compte également que les quartiers les plus prisés aujourd'hui prendront moins de valeur dans le temps que les quartiers en développement puisque les prix y sont déjà hauts.

Vous pouvez acheter le bien par l'intermédiaire d'une agence ou d'un particulier, mais en règle générale, en ce qui me concerne, et contrairement à ce que l'on pourrait croire, je trouve plus souvent des bonnes affaires par l'intermédiaire d'agences, Même en rajoutant les frais d'agences cela peut parfois être plus intéressant. L'essentiel étant que le prix de vente global soit bas par rapport aux prix pratiqués couramment sur le marché.

En ce qui concerne les défauts du bien, car il y en a forcément, il faut privilégier en premier lieu les biens avec travaux : plus il y en a, moins le prix sera élevé ou plus il sera possible de négocier.

Je vous conseille cependant de ne pas acheter si le bien présente un des défauts suivants :

– s'il se trouve près d'une voix ferré ou d'une autoroute : le bruit occasionné fera fuir plus d'un acquéreur ;

– s'il se trouve dans un immeuble en cours de travaux ou pas encore rénové : les acquéreurs hésitent beaucoup à acheter un appartement dont l'immeuble est en mauvais état. Ils veulent souvent prendre le moins de risques possible et veulent éviter d'avoir à payer, lorsqu'ils seront copropriétaires, des sommes non encore chiffrées (ravalement, toiture, ascenseur…) ;
– s'il se trouve en étage élevé sans ascenseur ou en rez-de-chaussée ;
– s'il est classé en péril ou insalubre : attention car dans ce cas vous aurez beaucoup de mal à le revendre ;
– s'il est trop sombre et qu'il n'y a pas de possibilité de le rendre plus clair grâce aux travaux.

Bien sûr il ne faut pas non plus s'attendre à trouver la perle rare car elle n'existe pas, et tous les biens que vous trouverez à bas prix le sont le plus souvent pour des raisons bien précises. Il faut simplement savoir identifier les défauts et savoir comment les supprimer ou comment les transformer en atout. Et pour les défauts qu'on ne peut pas modifier ou supprimer, il faut savoir composer avec au moment de la revente.

La description détaillée des appartements que j'ai achetés (voir chapitre VI) vous permettra de vous faire une idée plus précise de ce que l'on peut appeler des « affaires ».

• Les particularités de mes achats immobiliers

Acheter ce que les autres ne veulent pas

Pour l'achat de mon premier bien je voulais simplement acheter un petit appartement pour le louer car moi et mon ami vivions dans un appartement charmant, dont le loyer n'était vraiment pas élevé. Ainsi, nous avons préféré garder notre résidence principale en location plutôt que s'endetter sur 20 ou 25 ans pour s'installer, qui plus est, dans un endroit beaucoup moins bien que ce que nous avions. De toute façon si nous voulions acheter un bien qui nous correspondait vraiment, la banque ne nous aurait jamais prêté autant d'argent !

À l'époque je disposais d'une capacité d'emprunt qui me permettait d'acheter un studio ou un petit deux pièces dans le centre de Paris. J'ai dû cependant batailler ferme auprès des banques pour obtenir l'emprunt nécessaire car mon salaire déduit de la moitié du loyer de notre habitation principale était à peine suffisant. Ainsi, les unes après les autres, les banques m'ont presque ri au nez lorsque je leur ai parlé de mon projet sur quatre ans pour devenir rentière. En effet, mon salaire et mon emploi en tant qu'assistante ne faisait pas vraiment le poids par rapport à mes ambitions et surtout cela n'était pas crédible selon eux.

Après ces premiers contacts avec le milieu bancaire, j'ai décidé de m'y prendre autrement. Je referais une tentative mais cette fois en ne parlant pas de mon projet global, mais simplement de l'opération en cours. Après voir consulté sur Internet quelles étaient les banques qui pratiquaient les taux les plus bas, je me suis rendue dans les quatre banques principales qui m'intéressaient. Ainsi, j'ai pu mettre en concurrence les offres et contracter un prêt auprès de la banque qui octroyait à cette époque les taux d'intérêts les plus bas.

Toutefois, la recherche de l'appartement idéal pour un investissement locatif n'était pas si simple. J'avais beau chercher partout, je ne trouvais rien qui correspondait aux critères que je recherchais. Je voulais un bien situé dans un quartier prisé ou à la mode, en bon état, avec du cachet, agréable et d'une surface minimum de 30 m^2. Mais au bout de quelques mois de recherche, toujours rien. Je me suis dit qu'il fallait que je baisse le niveau de mes exigences car sinon j'allais abandonner et finir par ne rien acheter. Si je ne cédais pas sur quelques aspects négatifs j'allais être obligée d'acheter un appartement en banlieue parisienne et je n'en avais aucune envie dans la mesure où je privilégiais avant tout la proximité.

C'est alors que je suis tombée sur une annonce qui me paraissait intéressante dans le journal de particulier à particulier ; un studio de 37 m^2 au quatrième étage sans ascenseur, très clair et calme. Le prix au mètre carré était inférieur de 15 % aux prix pratiqués dans ce quartier à cette époque. En le visitant, j'ai tout de suite été séduite par le charme incontesté de cet endroit, même sans ascenseur, et les quatre étages à monter ne me semblaient pas être un problème. Par contre il n'y avait pas foule pour la visite. Visiblement ce bien n'intéressait pas énormément de monde malgré son emplacement idéal et ses quatre fenêtres donnant plein sud.

Le premier défaut était de taille et à dû refroidir pas mal de personnes intéressées avant moi : la copropriété était dans un état plus que douteux. Tout l'immeuble était couvert de grosses fissures, deux étais traversaient la cour et soutenaient les deux murs de l'immeuble pour éviter un éventuel effondrement et certaines parties de l'immeuble avaient bougé, ce qui laissait apparaître des différences de niveaux. La plupart des acquéreurs potentiels se sont tous découragés en voyant l'état de l'immeuble, ce qui obligeait la propriétaire à vendre plus bas que le marché, et ce qui m'a permis de négocier en plus le prix final. J'ai pu ainsi acquérir un appartement dans un quartier recherché à un prix très intéressant.

Une affaire à saisir

J'ai pris des risques mais ils étaient mesurés et je me félicite encore d'avoir fait cette opération. En effet, les trois défauts mentionnés plus haut n'en étaient pas vraiment, voici pourquoi.

Le mauvais état des parties communes : les appartements en location étant chers et plutôt rares, les gens sont moins exigeants sur ce point lorsqu'ils louent un bien. Ainsi, dans la mesure où ils doivent faire un choix avec ce qu'il y a sur le marché, ils auront d'autres priorités plus importantes à leurs yeux. L'état de la copropriété n'est donc pas considéré comme essentiel pour un locataire. Pour lui, le plus important sera l'état de l'appartement lui-même, l'orientation, le calme, le nombre de pièces, les rangements, mais pas vraiment les travaux de copropriété qui ne sont de toute façon pas à sa charge.

Le deuxième défaut était le vis-à-vis qui était quand même relativement proche des quatre et uniques fenêtres du studio. Ce défaut est assez gênant mais aussi très commun dans les grandes villes. Mais on peut le gommer, par exemple avec un système efficace de stores, et au final, il ne sera pas considéré comme obstacle majeur à la location.

Le troisième défaut était l'étage élevé puisqu'il fallait en monter quatre à pieds, ce qui peut décourager beaucoup de gens au moment de la location. Mais comme j'allais louer essentiellement à des jeunes ou des étudiants, cela ne m'a pas semblé être un problème majeur.

Ainsi, après avoir revisité le bien et pesé le pour et le contre, je décidais de proposer un prix plus bas tout en prétextant l'état déplorable de la copropriété et les coûts des travaux à venir. Ma proposition à été acceptée ainsi que ma demande de prêt et j'étais, quelques semaines après, pour la première fois (et pas la dernière !) propriétaire.

Une deuxième opération gagnante

Comme je ne voulais pas m'arrêter en si bon chemin, je me suis mise à rechercher une autre « affaire » susceptible de me convenir. Après avoir épluché les journaux et les sites Internet, je suis tombée sur une agence qui ne payait pas de mine et qui vendait un studio à un prix plutôt bas pour une surface de 14 m^2.

Là encore, l'immeuble était en mauvais état, mais ça valait quand même la peine d'aller voir de plus près.

Dans le centre des grandes villes, un studio est un bon placement, car il est assez prisé par les jeunes. Une fois arrivée sur place pour la visite, je comprends mieux le prix : au bout d'un sentier piéton, un immeuble en mauvais état, avec fenêtres et portes cassées. Le studio en lui-même était bien configuré malgré sa petite taille : il y avait un lit en mezzanine avec la possibilité de faire un coin salon en dessous car la hauteur sous plafond était plus élevée que le standard habituel. Le studio lui-même était à rafraîchir, les peintures à refaire, ainsi que le sol et la porte d'entrée.

Ce studio non plus n'avait pas l'air de se vendre facilement, et pour cause, l'état de la copropriété a dû encore une fois refroidir beaucoup d'acheteurs potentiels.

L'agence en charge de la vente de ce bien m'explique tous les avantages et je me rends bien compte qu'il n'y a pas foule pour l'acheter.

Les défauts de ce studio étaient les suivants :

– l'immeuble en mauvais état,
– un étage élevé (cinquième sans ascenseur),
– le studio à refaire complètement.

Cet appartement avait donc des défauts majeurs, puisque l'état de la copropriété pouvait dissuader les locataires potentiels. Je risquais de ne pas louer du tout mon bien ou de le louer à un prix bas qui ne couvrirait pas mon emprunt bancaire.

Mais ces risques étaient, encore une fois, mesurés et je comptais sur mes projets de décoration pour compenser ces lacunes. En outre, les atouts de ce studio me paraissaient suffisamment importants (quartier, agencement, prix bas…) pour que cet achat soit rentable malgré les défauts qu'il présentait.

Là encore, ce choix s'est révélé gagnant puisque j'ai pu louer le studio sans problèmes à un prix correct. La décoration intérieure et le quartier recherché compensaient l'état de la copropriété.

Acheter pour revendre

Étant donné que mes deux appartements étaient loués, je souhaitais de nouveau emprunter, mais cette fois pour revendre dans la foulée, une fois les travaux terminés, et ce afin de réaliser une plus value immédiate sans perdre ma capacité d'emprunt.

Il fallait donc que je trouve un bien à bas prix que je pourrais rendre plus attrayant en le remettant à neuf et ainsi le revendre suffisamment cher pour en tirer une plus-value conséquente malgré les 27 % d'impôts à payer à la revente (voir chapitre V/L'achat / revente/Fiscalité).

Première affaire : un petit appartement de moins de 30 m^2

Pas évident a priori, mais, finalement, après quelques recherches poussées, je suis tombée sur un appartement intéressant que proposait une petite agence peu connue. Il s'agissait d'un deux pièces au troisième étage sans ascenseur. L'appartement en lui-même faisait 27 m^2. Il était complètement à refaire et plutôt sombre, composé d'une cuisine à l'entrée, d'un salon avec une seule fenêtre donnant sur celle du voisin, d'une chambre avec une minuscule fenêtre et d'une salle d'eau. C'était un petit deux pièces de bas standing.

Le prix proposé était intéressant mais, encore une fois, personne à part moi n'était visiblement intéressé. J'ai donc pu négocier le prix à la baisse.

Le bien idéal pour la revente

Quand j'ai visité cet appartement, je n'ai pas hésité à faire une proposition de prix car il avait des atouts essentiels pour dégager une plus-value intéressante dans le cas d'une revente immédiate.

Ces atouts étaient les suivants :

– beaucoup de travaux à prévoir, ce qui semble paradoxal, mais qui permettait de négocier le prix à la baisse et de l'acheter à un prix vraiment très intéressant ;
– de façon là aussi paradoxale, la mauvaise configuration de l'appartement me permettait, grâce aux travaux, d'apporter une vraie valeur ajoutée : il suffisait d'abattre une cloison, ce qui le rendait beaucoup plus lumineux ;

– le fait qu'il soit situé en bordure d'un quartier populaire, permettait de jouer sur cet aspect au moment de l'achat pour négocier le prix à la baisse, puis de faire valoir la proximité avec un quartier plus prisé au moment de la vente. L'intérêt de ce type de localisation géographique est fréquent dans les grandes villes, mais moins courant dans les petites villes de province ;
– la copropriété n'était pas parfaite, mais il n'y avait pas de travaux en cours et son état ne pouvait en aucun cas empêcher une revente au prix fort ;
– il n'y avait pas d'ascenseur mais cela n'était pas très gênant puisque l'appartement était situé au troisième étage.

Comme vous le verrez plus loin dans ce livre, ces choix se sont encore une fois avérés gagnants.

Deuxième affaire d'achat – revente : même configuration

Voyant que ma première opération d'achat / revente avait bien fonctionné et que cela m'avait rapporté un revenu important en peu de temps (8 mois), je me suis rendue compte que je venais de gagner l'équivalent de deux ans et demi de salaire. Je pouvais en plus mettre immédiatement de côté cette somme perçue puisque mon salaire me permettait déjà de subvenir à mes besoins quotidiens. Je n'ai donc pas hésité à renouveler l'opération juste après.

J'ai cependant attendu que ma première opération d'achat – revente soit définitivement conclue avant de recommencer cette expérience, car je voulais être sûre des résultats obtenus et limiter les risques.

Je savais que la banque me prêterait une somme équivalente à celle qu'elle m'avait prêté avant cette opération puisque je récupérais, en vendant l'appartement ma capacité d'emprunt.

Puisqu'il me semblait offrir des opportunités intéressantes, j'ai choisi de chercher pour ma deuxième opération d'achat – revente un bien dans le même quartier. J'ai trouvé un petit appartement de 23m^2 dans le même genre que le précédent. Il avait donc la taille d'un studio mais était en réalité un deux pièces, ce qui est assez recherché pour cette surface. Bien sûr j'ai de nouveau fait appel à la banque pour emprunter la totalité du prix de l'appartement, les travaux restant à ma charge.

Relooker pour revendre

À l'inverse du précédent, cet appartement était très bien configuré : il n'y avait pas de place perdue ni de couloir, ce qui est très important pour ces surfaces de petite taille. Il avait également deux autres qualités : clair et calme puisqu'il donnait sur cour et qu'il avait de grandes fenêtres orientées sud-ouest. De plus il venait d'être refait à neuf par le propriétaire, il suffisait donc de le « relooker » pour le vendre plus cher. Au niveau de l'étage c'était très bien aussi puisqu'il était situé au 1er étage sans trop de vis-à-vis.

Le plus gros avantage de ce bien était le prix qui était largement en dessous du prix du marché. Mais il fallait compter aussi sur les nombreux inconvénients. Le plus important était sans aucun doute le quartier. Il se trouvait dans un quartier populaire et l'état de l'immeuble n'était pas non plus irréprochable surtout en dessous de l'appartement où les habitants faisaient sécher leur linge à leur fenêtre.

En découvrant l'annonce, je me suis rendue le jour même sur les lieux pour le visiter. Cette fois-ci, il y avait beaucoup de monde intéressé. À ma première visite et après avoir posé quelques questions au propriétaire, je l'informais que j'allais lui envoyer une proposition dans l'après-midi. Bien sûr, il y a toujours une part de risque, puisque je ne pouvais pas en si peu de temps réunir toutes les informations écrites sur l'immeuble, ni avoir les comptes rendus des assemblées générales de copropriété pour tout vérifier, mais le prix et la visite sur place ainsi que quelques questions bien ciblées me suffisaient. J'avais maintenant suffisamment d'expérience pour me faire une idée assez précise du potentiel du bien.

J'ai donc envoyé immédiatement une proposition au prix demandé. Je savais en effet que je n'avais pas beaucoup de marge de manœuvre pour négocier étant donné que beaucoup de monde attendait pour le visiter après moi. J'ai reçu une réponse positive rapidement car comme j'étais une des premières à proposer un prix, mon offre était prioritaire par rapport aux autres.

Pour moi ce bien était une affaire à saisir en raison de son prix bien sûr, mais aussi parce que j'avais bien identifié ce que je pouvais y apporter pour le revendre à un prix plus élevé. L'appartement avait été remis à neuf entièrement, mais avec un budget minimum. En conséquence, il n'avait aucun charme particulier, ce qui le rendait complètement banal et anodin. Mon objectif était de lui donner une valeur supplémentaire en rajoutant du cachet à l'ensemble (voir chapitre : « Les travaux »).

Ces deux opérations d'achat et de revente immédiate m'ont permis d'obtenir un capital suffisant pour pouvoir acheter sans emprunt bancaire un autre appartement et bénéficier immédiatement de la totalité du loyer perçu.

À cette époque, sans quitter l'appartement dans lequel je vivais en location (et pour lequel je ne payais que 500 € de loyer par mois), j'avais donc acheté un premier appartement que j'avais mis en location, puis, ayant constaté rapidement le succès de cette opération, j'ai racheté un deuxième bien avec emprunt bancaire que j'ai mis également en location. Ensuite, coup sur coup, j'ai fait deux opérations d'achat / revente tout en conservant les deux biens initialement achetés et loués.

Je disposais donc désormais des fonds suffisants pour acheter un troisième bien (déjà mon cinquième investissement si l'on compte les deux opérations d'achat / revente !) sans demander de prêt à la banque.

Étant donné que je m'applique toujours à rechercher des biens à haut potentiel et à très bas prix, et que j'en fais des produits « coup de cœur » à moindre frais, je prévoyais en plus un très bon retour sur investissement. Je me suis donc remise rapidement en action pour rechercher un nouveau bien que je pourrai cette fois acheter au comptant.

Le premier bien acheté sans emprunt bancaire

Après quelques semaines de recherche, je tombe sur une annonce intéressante. Un studio de 20 m^2, dans un quartier en plein essor, avec des combles récupérables. L'annonce était parue le jour même et le prix n'était pas excessif. J'ai sauté sur le téléphone pour appeler mais cela sonnait toujours occupé. Après plusieurs tentatives le propriétaire me donne rendez-vous pour le lendemain en fin de soirée. Je voulais juste le voir et après tout je n'étais pas si pressée que ça d'acheter puisque maintenant j'avais tout mon temps.

Puis, après réflexion, je me suis dit que si je voulais vraiment avoir cet appartement cela n'était pas la peine d'y aller en fin de journée, car il serait selon toute probabilité déjà vendu. J'ai donc rappelé le propriétaire prétextant un problème d'agenda, j'ai demandé si je pouvais venir visiter le matin à la première heure. Il m'a répondu, visiblement très occupé : « bon ok, venez à 8h en même temps que la personne déjà prévue à cette heure-là ».

Le lendemain à 8 heures j'étais devant la porte. Cet appartement n'avait vraiment rien d'exceptionnel, bien au contraire : sombre, petit, dans une copropriété en mauvais état, il n'avait de prime abord rien d'intéressant. Le prix était légèrement en dessous du prix du marché mais il paraissait presque trop cher.

Toutefois, au moment de la visite, voyant bien qu'il y avait beaucoup de choses à exploiter, j'ai décidé de faire une proposition de prix assez rapidement dans la matinée.

Les points positifs de l'appartement

Les points positifs de cet appartement étaient les suivants :

– le quartier : en plein centre ville il jouissait d'une situation idéale ;
– sans ascenseur, cela ne dérangeait pas puisqu'il se trouvait au 1er et unique étage sur cour, donc au calme ;
– pas de construction au dessus de cet appartement, ni de fenêtres qui pourraient gêner, ce qui porte à penser qu'il serait peut-être possible plus tard, avec l'accord de la copropriété et de la mairie et un bon architecte, de construire un ou deux étages supplémentaires. Vu le prix du mètre carré c'est une aubaine !
– les combles n'étaient pas aménagés mais une fois refaits ils constitueraient une belle chambre en mezzanine de 20 mètres au sol supplémentaires ;
– grâce aux travaux, il était possible non seulement d'agrandir considérablement l'espace, mais aussi de le rendre beaucoup plus lumineux (voir chapitre « Les travaux »).

Tous ces aspects positifs ont suffit pour me convaincre qu'il fallait que j'achète ce bien. Compte tenu du nombre de visites qui étaient prévues, il était inutile d'espérer négocier le prix.

Mon dossier a été accepté et le studio était à moi trois mois plus tard.

Chapitre 2

LES TRAVAUX HOME STAGING

En général je préfère louer « meublés » les appartements que je garde en patrimoine plutôt que vides (voir paragraphe IV : « La location en meublé »), ce qui impose de réfléchir à une décoration et à un aménagement d'espace un peu plus sophistiqués mais qui plaira au plus grand nombre.

Pour les appartements achetés et revendus dans la foulée, la stratégie de décoration, d'ameublement et d'aménagement d'espaces ne sera pas la même.

• Adaptez la rénovation aux goûts des acquéreurs ou des locataires potentiels

Pour effectuer des plus-values en faisant des opérations d'achat – revente, ou pour louer avec une bonne rentabilité, il est important de connaître au mieux les goûts des acquéreurs potentiels en termes de logement, leurs priorités au moment de l'achat et de savoir à quoi ressemblerait le logement idéal d'aujourd'hui.

Les goûts des acquéreurs ne sont pas toujours les mêmes. Ils vont varier en fonction des modes, des époques, de leurs besoins ou de la situation du marché immobilier.

J'ai recensé dans une enquête menée par le journal *De particulier à particulier* (« Le logement idéal des Français » Enquête habitat 2007), les points intéressants à connaître si vous souhaitez investir. Ces éléments vous aideront, dans le cadre d'une rénovation, à mieux répondre aux exigences des acheteurs.

Qui sont les acquéreurs aujourd'hui ?

Par rapport aux années 2002 et 2003 le nombre de primo accédants baisse en raison de la montée à un niveau élevé des prix de l'immobilier. Ainsi, les personnes possédant déjà un bien ont plus de facilités que les personnes qui n'en possèdent pas car ils bénéficieront de la plus-value réalisée grâce à la vente de leur premier bien. Une majorité d'acquéreurs d'aujourd'hui a plus de 40 ans, alors qu'il y a deux ans cette tranche d'âge ne représentait qu'une minorité des acheteurs.

Le plus grand nombre d'acheteurs sont des cadres, cadres supérieurs ou profession libérale, alors que les ouvriers ou les employés sont de moins en moins nombreux à pouvoir devenir propriétaires. D'où l'importance d'adapter le bien en vente au type de population ciblée.

Les comportements des acheteurs changent

Le nombre de visites pour acheter un logement a nettement reculé. Cela est dû au fait que la première difficulté pour un acheteur est de trouver le temps nécessaire pour visiter rapidement plusieurs biens.

Les acquéreurs cherchent d'abord sur Internet et sélectionnent quelques annonces susceptibles de les intéresser, avant de faire, en moyenne, une à trois visites. Par ailleurs, l'avis d'une tierce personne est moins sollicité qu'avant. Cette évolution montre l'importance, avec le développement des annonces en ligne, de rajouter des photos (ou une vidéo) à l'annonce, ce qui permet d'influencer positivement l'acquéreur potentiel.

Qui est décisionnaire ?

L'homme et la femme décident ensemble lors de l'achat, mais plus on augmente en âge, plus les femmes deviennent décisionnaires. Il est important de soigner la décoration et la présentation de la cuisine, de la salle de bains ou de la salle d'eau ainsi que des chambres, puisque ce sont des pièces qui ont une grande importance aux yeux d'une majorité de femmes d'aujourd'hui.

Pourquoi déménage-t-on aujourd'hui ?

Étant donné que les biens immobiliers sont rares et chers, les acheteurs dans leur majorité souhaitent changer de domicile pour acquérir un logement plus grand. L'environnement du bien autrefois prioritaire dans leur choix, devient secondaire aujourd'hui.

Neuf ou ancien ?

Les acheteurs d'aujourd'hui préfèrent en général l'ancien car il y a plus de cachet que dans les biens neufs. Par contre, s'ils ne trouvent pas de biens anciens dans leur quartier ils se rabattent facilement sur le neuf. D'autant plus que le différentiel de prix entre les deux tend à diminuer. Ainsi, si vous achetez un bien neuf ou un peu trop banal et sans charme, il est possible de lui rajouter le cachet de l'ancien sans trop de difficultés (poutres, cheminée, pierres, moulures, etc.).

En analysant le sondage effectué par le journal de particulier à particulier sur les pièces idéales des acquéreurs d'aujourd'hui, nous sommes en mesure de mieux cerner leurs goûts et leurs besoins et vous pouvez ainsi adapter votre bien à ces critères, pour pouvoir obtenir un prix maximal de votre vente ou de votre location.

• Les priorités des acquéreurs

L'entrée

L'entrée ne constitue pas une pièce très importante pour la plupart des accédants, mais il est tout de même important de soigner sa présentation car elle doit donner autant que possible une première bonne impression.

Le sol : Une majorité d'acheteurs ont une préférence pour le parquet alors que le carrelage vient en seconde position dans le choix du revêtement.

Les murs : La peinture plaît à une grande majorité et le papier peint n'est prioritaire que pour une minorité de personnes.

Le séjour

Pour la plupart des acquéreurs, le séjour est la pièce la plus importante du lieu d'habitation. En général, ce doit être aussi la pièce la plus grande.

Le sol : Le parquet est apprécié dès l'entrée, il est donc logique qu'il soit choisi pour le séjour par une grande majorité de personnes, avec une préférence pour les essences exotiques. Le carrelage est apprécié par une minorité de la population et la moquette regagne un peu en attractivité.

Les murs : La peinture rassemble une majorité de réponses positives alors que le papier peint est de moins en moins plébiscité.

Côté couleurs, la tendance est au blanc même si les couleurs tel que le jaune, le beige ou l'ocre plaisent également beaucoup.
La tendance pour ceux qui préfèrent la couleur, est aux badigeons et aux peintures enduites style provençal ; les adeptes du blanc, pour une

part non négligeable d'entre eux, s'essayent à un décor de style « ethnique ».

La cuisine

C'est une pièce importante car les familles d'aujourd'hui y passent beaucoup de temps. La cuisine doit être spacieuse et conviviale. Comme l'évolution du ratio budget/surface se réduit, les solutions astucieuses d'aménagement permettront à la cuisine de remplir son rôle, même dans une surface réduite.

Le sol : la plupart des acquéreurs d'aujourd'hui plébiscitent le carrelage pour la cuisine et le parquet vient en deuxième position.

Les couleurs : le blanc est privilégié mais on a tendance de plus en plus à aimer aussi le bleu ou le gris. Pour les murs, les préférences vont vers les cuisines colorées et modernes mais rappelant les cuisines d'autrefois. Les décors inox et bois sont aussi très appréciés.

Les murs : de plus en plus d'acquéreurs souhaitent une cuisine avec des murs carrelés en raison d'une facilité d'entretien, mais une majorité d'entres eux préfèrent encore la peinture.

La salle de bain

La salle de bain est devenue une pièce importante du logement. Elle est considérée aujourd'hui comme un endroit de détente où l'on prend soin de soi. Les acquéreurs souhaitent dans leur majorité avoir une salle d'eau et une salle de bain, mais cela varie aussi en fonction de la surface totale de l'appartement. En général à partir de 100 mètres carrés, il est préférable de prévoir les deux. Pour des surfaces moins grandes, s'il faut choisir entre la salle d'eau et la salle de bain, il vaut mieux opter pour la salle de bain qui fait plus d'adeptes.

Douche en semaine et bain le week-end, telles sont les nouvelles exigences auxquelles les salles de bains d'aujourd'hui doivent satisfaire. La salle de bain fait aujourd'hui l'objet d'avantage d'attention: c'est un lieu dans lequel on aime se retrouver et qui doit apporter plus que le simple côté fonctionnel.
Que ce soit pour le mur ou pour le sol, le revêtement le plus demandé est le carrelage. En revanche, le parquet dans la salle d'eau n'est que moyennement apprécié.

Les couleurs: la salle de bain est associée à l'eau et à la mer. Ainsi, les couleurs les plus demandées sont le bleu, le vert ou le blanc que ce soit pour le mur ou pour le sol.

Les murs: la peinture murale est de moins en moins demandée car elle ne tient pas sur la durée. En revanche, les tendances « déco » avec des revêtements de type lambris modernes et très colorés plaisent aussi beaucoup.

Les chambres

Une majorité de personnes trouvent les chambres trop petites et préfèrent sacrifier quelques mètres carrés pour permettre à leurs enfants d'avoir plus d'espace. Les chambres des enfants doivent en effet accueillir un bureau pour les devoirs et doivent leur donner suffisamment d'espace pour jouer. La chambre des parents est moins utilisée car on y passe moins de temps. La décoration est importante pour une majorité de personnes.
Le sol: pour la plupart des gens, le parquet est de rigueur et la moquette est de moins en moins demandée.
Les murs: la peinture est le plus appréciée pour les murs et la tapisserie fait de moins en moins d'adeptes.

Les couleurs: le blanc est la couleur la plus demandée ainsi que le bleu ou le jaune. Le rose quant à lui, ne fait plus du tout recette.

Les toilettes

Contrairement à ce que l'on pourrait penser, les toilettes sont un lieu important. Elles doivent être chaleureuses et décorées avec soin. Le temps où la décoration des toilettes était négligée est désormais révolu. On y prête même une attention particulière. Pour un appartement familial, il faut prévoir au moins deux cabinets de toilette.

Les couleurs : le blanc est aujourd'hui remplacé par des peintures à la chaux ou à l'éponge ou des enduits de diverses couleurs.

Les rangements

Ils sont souvent considérés comme insuffisants. En ce qui concerne le type de rangement le plus demandé, les armoires intégrées ou les dressings sont de plus en plus appréciés pour un rangement optimal et leur côté esthétique qui évite d'encombrer trop l'espace.

Les parties communes

Les immeubles anciens en pierre de taille séduisent une majorité d'acquéreurs, suivis de la brique qui trouve aussi ses adeptes.

Côté extérieur, les préférences vont donc au classique et aux immeubles dégageant une impression de solidité. Le prix investi dans l'achat doit résister au temps et le bien ne doit pas se déprécier au jour de la revente. Il est donc important lors d'un investissement d'éviter autant que possible les appartements se trouvant dans des immeubles en mauvais état.

Les accédants à la propriété sont aussi exigeants sur tous les éléments qui peuvent améliorer la sécurité. Le digicode à l'entrée ainsi que l'interphone sont très demandés.

Cette enquête du particulier à particulier, ici résumée aux éléments importants qui peuvent influer sur la vente d'un bien immobilier, permet de mieux comprendre les désirs et besoins des futurs acquéreurs.

• Proposez un appartement unique, qui se démarque des autres

En remettant à neuf votre bien, il ne s'agit pas de « coller » exactement aux exigences des acquéreurs. Cela serait de toute façon peu réaliste car on ne peut s'adapter aux goûts de chacun et, de plus, cela demanderait un budget trop important. L'essentiel est d'essayer d'y répondre le mieux possible en réduisant quand même au maximum les frais de réaménagement : c'est là le secret pour réussir au mieux ses investissements immobiliers. Un aménagement adapté qui aura un impact maximal sur les acquéreurs à un coût minimal. Cela est possible en tenant compte des goûts et des besoins des acquéreurs et en faisant appel à des entreprises en bâtiment qui suivront vos instructions et dont les tarifs seront compétitifs.

Dans la décision d'achat ou de location, le coup de cœur est très important. On accepte plus facilement les défauts d'un appartement qu'on adore (copropriété, voisinage…). Vous pouvez créer cet effet « coup de cœur » en choisissant judicieusement les couleurs, les éléments d'architecture, les revêtements et les éléments de décoration en tenant compte des éléments de l'enquête ci-dessus ainsi que des astuces de mise en scène que je vous indiquerai un peu plus loin.

Votre bien remis à neuf deviendra un appartement de standing et se démarquera des autres. Ainsi, au moment de la vente ou de la location, il sera beaucoup moins vulnérable à la concurrence. Cette rénovation prendra toute son ampleur si vous proposez votre bien sur Internet :

grâce aux photos, vous pourrez en donner une première impression positive aux milliers d'internautes qui consultent chaque jour les annonces immobilières en ligne.

La qualité de vos photos ainsi que le travail d'architecture intérieure et de décoration fait en amont permettra de mettre en valeur efficacement votre annonce qui pourrait, sans ces étapes importantes, passer inaperçue parmi une multitude d'autres biens en vente.

Étant donné que votre bien se démarquera par rapport aux autres sur le net, le nombre de visites et de personnes intéressées sera d'autant plus important que les annonces en ligne sont consultées par un public très large.

Ainsi, pour résumer il faut :

- une rénovation de qualité qui rende le bien plus attrayant que la moyenne ;
- des photos de qualité, diffusées sur Internet, qui mettent en valeur le bien pour permettre un nombre important de visites et obtenir une vente ou une location au prix fort.

Il faut savoir aussi :

- choisir des biens dont le prix est en dessous de ceux pratiqués habituellement sur le marché immobilier ;
- choisir des partenariats efficaces et réactifs qui vous permettent de faire des économies sur les travaux de rénovation ;
- évaluer avec précision les travaux à exécuter, les coûts et les délais ainsi que le choix des éléments architecturaux, ce qui évitera les dépenses inutiles et offrira une rentabilité maximale lors de la revente ou de la location. Il est vrai que c'est parfois difficile à évaluer, surtout si l'on n'est pas connaisseur. Et l'entrepreneur qui s'occupe

des travaux ne pourra pas vous aider non plus car il se contente de faire selon vos recommandations.

Quelques astuces : Bien fixer son budget travaux à l'avance pour pouvoir prévoir une plus-value ou un bon rendement locatif. Si vos travaux vous coûtent trop cher votre investissement sera d'autant moins rentable. Il faut savoir faire du beau et du moderne au moindre coût.

Négocier à chaque étape de l'opération, que ce soit pour l'achat du bien lui-même, pour le prix et les délais des travaux ou pour la revente.

Vous pourrez ainsi faire l'économie de plusieurs corps de métiers dont l'expertise, le talent et les connaissances sont pourtant indissociables d'un rendement élevé. En effet, si vous faites appel à une agence immobilière, à un architecte à un décorateur, à un photographe et autres intermédiaires, votre marge d'investissement va fondre comme neige au soleil. Ainsi, il est important pour réussir ses investissements de réunir toutes ces compétences qui permettront de faire des économies et d'être efficace.

Les travaux que j'ai fait réaliser pour mes opérations immobilières, décrits dans les pages qui suivent, vous donneront une idée plus précise de ce que l'on peut faire pour valoriser un bien de façon optimale.

• Travaux de rénovation ou simple décoration : les règles à respecter

Rénover au moindre coût

Pour ma première opération j'ai voulu acheter un appartement à rénover dans lequel je souhaitais faire des travaux au moindre coût et que je louerais ensuite en contrat meublé pour pouvoir rentabiliser au maximum mon investissement.

J'ai fait appel à une entreprise en bâtiment car j'ai voulu rénover le bien complètement mais sans pour cela dépenser une fortune. Le but était de cacher un maximum les murs et les poutres trop abîmées et de garder un espace ouvert coloré et moderne tout en transformant le studio en un deux pièces. À l'origine, les placards, la cuisine et la salle d'eau étaient de couleur marron, ce qui donnait un effet un peu triste et terne. De plus, en faisant les travaux, nous nous sommes aperçus que les anciens propriétaires avaient installé un coffrage tout le long de l'appartement pour cacher des conduits de cheminée. J'ai pu faire enlever ce coffrage ainsi que les conduits de cheminée avec l'accord de la copropriété et j'ai gagné ainsi l'équivalent de $3m^2$ en surface.

J'ai fait refaire les murs en blanc pour éclaircir et alléger l'espace avec certaines parties du mur en jaune ocre pour accentuer la lumière. Pour ajouter du cachet et de la couleur, j'ai peint toutes les fenêtres ainsi que la porte d'entrée en rouge. Au sol un parquet flottant blanc qui était en promotion à ce moment-là faisait bien l'affaire, et l'appartement qui était configuré en studio a été transformé en deux pièces, car les deux pièces pour cette surface sont bien plus demandés.

Au niveau de la décoration, j'ai voulu un style moderne et épuré adapté aux goûts d'une population jeune, puisque je comptais le louer à des étudiants.

Rénover cet appartement au moindre coût m'a permis de gagner en surface, de le transformer en deux pièces et de le rendre agréable sans dépenser une fortune grâce à une équipe d'entrepreneurs efficaces.

Avant travaux et décoration

Après travaux et décoration

Après une série de photos réussies et bien cadrées, j'ai placé mon annonce sur le site du journal de particulier à particulier. En rajoutant une galerie photo, le prix de l'annonce était plus élevé, mais compte tenu de l'impact espéré auprès des locataires potentiels, cette dépense relevait plutôt de l'investissement.

J'ai tout de suite eu beaucoup de visiteurs qui avaient l'air d'apprécier l'aménagement de l'espace. J'ai donc loué très vite et sans aucun problème, 15 % plus cher que le prix du marché, en contrat meublé (voir chapitre IV – Les avantages de la location en meublé).

S'adapter aux goûts des autres

Pour ma deuxième acquisition, je voulais reproduire un investissement similaire à celui que je viens de décrire plus haut, c'est-à-dire faire des travaux au moindre coût et louer le meublé pour obtenir une rentabilité maximale.

Une entreprise en bâtiment est intervenue pour recouvrir le revêtement du sol existant par un linoléum moderne imitation parquet. Ce type de revêtement est peu onéreux, très facile à installer et donne beaucoup d'effet car on a l'impression, en rentrant dans le studio, que c'est du vrai parquet ancien. Ils ont également rénové la porte d'entrée et changé la vieille fenêtre en bois.

Je me suis occupée moi-même du reste de travaux à effectuer en repeignant les murs en jaune ocre et en repeignant la mezzanine en blanc. J'ai également installé deux portes en bois pour transformer le rangement existant en placard. Sur tout le long du mur qui fait face à la fenêtre, j'ai collé des petits miroirs pour refléter la lumière. Ces petits miroirs que l'on trouve dans les grands magasins spécialisés, sont facile à installer et ne sont pas très coûteux par rapport à l'effet produit, à condition, bien sûr qu'ils soient placés dans un endroit stratégique. Puis j'ai procédé à la décoration de l'appartement, en ajoutant des meubles pratiques et colorés pour pallier le gris des parties communes.

Pour ce studio, j'ai voulu une décoration jeune et colorée. Aux murs, un crépi de couleur ocre jaune ainsi que les miroirs, mettent en valeur les objets et des meubles ethniques de petite taille.

Un style qui plaît aux jeunes par son côté pratique, moderne et coloré.

Effet garanti ! En mettant les photos sur Internet, j'ai tout de suite eu beaucoup de visites. J'ai bien sûr averti au téléphone avant de faire déplacer les gens que la copropriété était en mauvais état (j'ai même exagéré ce point au vu du nombre d'appels), mais la plupart des gens étaient quand même intéressés et curieux de voir à quoi cela pouvait ressembler.

J'ai pu louer en seulement une journée. Bien que certains visiteurs aient rebroussé chemin avant de voir l'appartement, la majorité d'entre eux sont venus voir le studio et une fois dedans, ils étaient conquis, et voulaient tous le louer. Peu importait l'état de l'immeuble, puisque selon eux l'intérieur du studio compensait largement le mauvais état des parties communes. Cette fois ci encore, pour obtenir un loyer plus élevé j'ai opté pour le contrat en meublé d'un an renouvelable.

Avant travaux et décoration

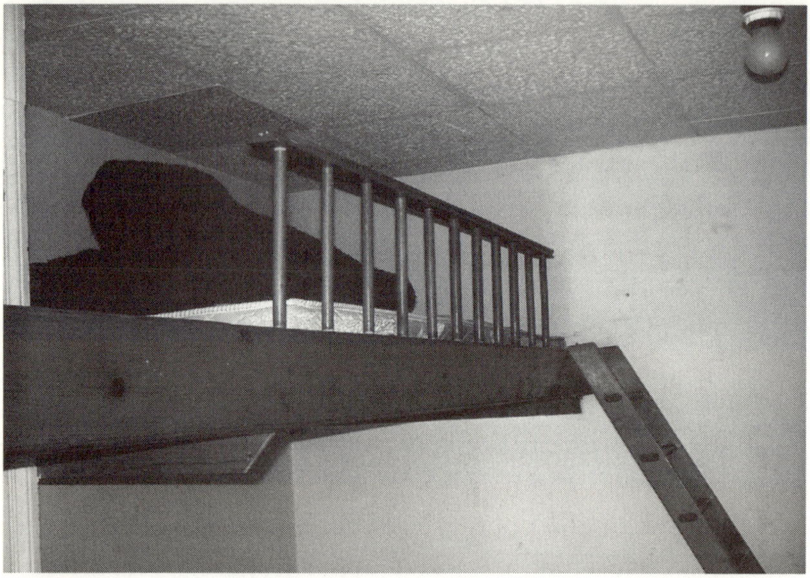

Après travaux et décoration

Transformer les défauts en atouts : l'exemple de ma première opération d'achat – revente

Pour le troisième appartement que j'ai acheté puis revendu juste après, je voulais faire des travaux importants. J'ai donc demandé un devis à plusieurs entreprises du bâtiment. À ma grande surprise, il y avait quand même une différence de prix et j'ai tenté celle dont les prix me paraissaient abordables. Je ne l'ai pas regretté car les travaux ont été exécutés conformément à mes demandes. J'ai fait une remise à neuf totale :

- casser le mur entre la cuisine et le salon pour profiter de la grande fenêtre de la cuisine et faire entrer la lumière dans le salon ;
- construire un bar américain entre la cuisine et le salon avec évier et placards intégrés ;
- enlever le linoléum existant et le remplacer par du beau parquet ciré blanc ;
- refaire l'ensemble des murs en blanc ;
- ajouter des poutres peintes en gris au plafond et au dessus du bar ;
- ajouter une mezzanine dans la chambre juste au dessous de la petite fenêtre ;
- refaire l'ensemble de la cuisine avec des carrelages de style marocain ;
- transformer la cheminée classique en marbre en cheminée moderne.

Bien sûr ceci ne représente qu'une partie des travaux réellement effectués, mais les modifications qui ont permis une revalorisation immédiate de l'appartement ont été les suivantes :

- la démolition du mur entre la cuisine et le salon. En effet, il y avait dans la cuisine une grande fenêtre qui laissait passer beaucoup de lumière et dont seule cette petite pièce bénéficiait alors que le reste de

l'appartement était un peu sombre. En remplaçant cette cloison par un bar américain, l'appartement est devenu beaucoup plus lumineux ;
- rajouter des poutres dans le salon (et les peindre dans la même couleur gris que le bar) ajoute du charme et du cachet ;
- la cheminée qui était au départ en marbre noir a été « relooké » tout simplement en enlevant son cadre noir (trop banal et déjà vu partout) et en y laissant un mur blanc autour pour un aspect moderne et design.
- ajouter des petits miroirs dans le coin cuisine accentue la luminosité et agrandi l'espace ;
- une mezzanine de couleur blanche a été installée dans la chambre pour apporter un espace supplémentaire sous le lit et pour amoindrir l'impact négatif de la petite fenêtre. Alors que cette fenêtre paraissait trop petite pour la chambre et avait ainsi un impact visuel négatif, une fois la mezzanine installée, l'étroitesse de cette fenêtre est devenue naturelle et s'est intégré harmonieusement à l'aménagement de l'espace.

La touche finale pour la revente

Une fois les travaux terminés et l'appartement propre j'ai pu intervenir moi-même pour la touche finale. En effet, une fois les travaux terminés, je m'occupe de la décoration finale qui consiste à rajouter quelques éléments décoratifs même si l'appartement est vendu vide. Par exemple, dans ce cas précis, j'ai rajouté des rideaux rouge et blancs dans le salon, un miroir sculpté blanc au dessus de la cheminée et deux tabourets rouges qui mettent en valeur le coin cuisine. Il ne s'agit pas ici de meubler mais uniquement de placer quelques éléments pour ajouter une touche de chaleur et de vie à l'appartement et mettre en valeur l'ensemble.

En transformant les défauts en atouts, je pouvais maintenant le décrire comme un beau deux pièces agréable et lumineux, tout confort, élégant et spacieux.

Avant travaux et décoration

Après travaux et décoration

Du bas de gamme à l'appartement haut standing

Pour ma cinquième opération immobilière (ou troisième bien gardé en location), il s'agissait d'acheter un bien au comptant sans emprunt bancaire dans le but de le louer en contrat meublé.

L'appartement que j'ai déniché et qui se trouvait être exactement le produit que je recherchais était situé en rez-de-chaussée, donnait sur une cour mais avait la particularité d'avoir des combles aménageables. On pouvait ainsi transformer ce studio banal et sombre en beau duplex clair et agréable. Bien que le rez-de-chaussée de l'appartement ait déjà été refait entièrement, j'ai fait appel à une entreprise en bâtiment pour agrandir et optimiser l'espace.

Un peu de cachet et le tour est joué, l'exemple de ma deuxième opération d'achat – revente

En achetant ce bien, j'ai voulu faire un investissement similaire à celui que je viens de décrire, c'est-à-dire le revendre après l'avoir mis en valeur, mais cet appartement avait une particularité : il venait d'être entièrement refait à neuf. J'aurai donc pu le revendre tel quel sans y apporter aucune modification, mais je pense que le fait de l'avoir acheté à bas prix ne suffisait pas pour obtenir une plus-value suffisante.

Sans procéder à des travaux importants, je voulais quand même lui donner une âme, le rendre plus chaleureux et plus convivial.

Pour ce faire, j'ai effectué les modifications suivantes :

Le sol : au lieu du linoléum existant, qui était neuf mais vraiment pas esthétique, j'ai fais installer du parquet flottant sur toute la surface (sauf dans la salle d'eau et les toilettes).

Il est important pour la revente, plus que pour la location, de choisir des revêtements et des matières « nobles ». Ainsi, le parquet au sol sera toujours à privilégier par rapport au linoléum imitation parquet, même si cela revient plus cher.

Les murs sont restés tels quels, mais j'ai rajouté des miroirs en forme de vagues sur le mur du fond.

Le plafond : des fausses poutres ont été installées. Ces fausses poutres en polystyrène traité, peu onéreuses, que l'on peut trouver dans les commerces spécialisés, donnent une excellente impression. On les confond facilement avec de vraies poutres anciennes.
Pour donner l'illusion d'un vrai « appartement sous les combles », j'ai fait rajouter aussi quelques poutres en verticale sur le mur séparant la cuisine et la salle d'eau.

Tout le coin cuisine (sauf les carreaux) a été repeint en rouge vif pour apporter du relief et pour faire un beau contraste avec les couleurs chaudes des rideaux, des poutres et du parquet.

La cheminée est restée inchangée. J'ai simplement rajouté un miroir ancien au dessus.

Les fenêtres ont été habillées avec des rideaux en toile de jute gris.

Une fois les travaux finis cet appartement dégageait un tout autre aspect.

Cette opération m'a confirmé ce que je pensais déjà : il est possible de transformer un bien à peu de frais et d'augmenter sa valeur, uniquement grâce à des idées de décoration astucieuses.

Avant travaux de décoration

Après travaux de décoration

Une transformation radicale

Ce type d'investissement est un bon exemple car chaque détail de l'appartement a été revalorisé pour un résultat étonnant qui n'a plus rien à voir avec le bien acheté initialement. Ainsi, lorsque vous aurez appris à repérer les biens ayant du potentiel, c'est-à-dire dans lesquels il est possible d'améliorer facilement le côté esthétique, de les rénover de façon plus attrayante pour qu'ils correspondent mieux à ce que recherchent les acquéreurs aujourd'hui, vous aurez trouvé la clé d'un bon investissement.

Pourquoi l'ancien propriétaire de ce bien, qui a remis cet appartement à neuf avant de le mettre en vente, n'a-t-il pas fait comme moi puisqu'il aurait pu ainsi vendre beaucoup plus cher ?

Tout simplement parce qu'il n'a pas su développer et mettre en avant le potentiel et les avantages du bien. Et cela n'est pas une question de budget, il faut simplement savoir repérer quels sont les éléments à modifier.
Par exemple, dans ce cas précis, le rez-de-chaussée était configuré de la façon suivante au moment de l'achat :

> La pièce principale n'avait pas de fenêtre, l'appartement était donc très sombre. La seule fenêtre se trouvait à droite de la porte d'entrée et donnait sur l'entrée de l'appartement et sur les placards. La cuisine, malgré sa taille minuscule était enfermée entre deux portes et la salle d'eau était un peu trop grande par rapport à la taille globale du bien. Les combles étaient accessibles grâce à une échelle rétractable et n'avaient pas été rénovés.

L'appartement même refait à neuf, paraissait cher par rapport à ce que l'on pouvait voir en le visitant.

En le transformant à ma façon, c'est-à-dire en optimisant l'espace et en mettant en relief les atouts, c'est devenu un endroit agréable, lumineux, original et très demandé !
Le mur et la porte séparant la cuisine de la pièce principale ont été supprimés et la salle d'eau a été réduite à son minimum. Le ballon d'eau chaude a été camouflé dans des rangements au dessus du lavabo et les placards en face de la fenêtre à côté de l'entrée ont été supprimés complètement. Nous avons ainsi agrandi considérablement l'espace du rez-de-chaussée passant de 17 à 20 mètres carrés. Un escalier en bois sur mesure a été installé pour accéder à l'étage et la moitié du plafond séparant le rez-de-chaussée de l'étage supérieur a été supprimé.

Ainsi, en agrandissant légèrement le velux sur le toit, la lumière peut entrer et éclairer l'ensemble de l'appartement. À l'étage, comme le fond de la pièce était un peu sombre, nous avons installé le long du mur un placard sur mesure. En remettant à neuf l'étage du haut, j'ai pu récupérer 15 mètres carrés de surface en plus.

Les poutres abîmées ont été rénovées et repeintes en bleu lavande. Aucun mur ou barrière ne vient obstruer l'espace entre les deux étages car je voulais un appartement aéré et lumineux. Juste une grosse corde le long de l'escalier pour protéger des mauvaises chutes.

Une fois les travaux finis, un autre appartement bien plus agréable à vivre voit le jour. J'ai pu ensuite m'occuper de la décoration que je voulais simple, pratique et moderne.

Ainsi, après un mois et quelques jours de travaux intensifs, ce vieux studio tout sombre qui ne payait pas de mine est devenu un beau duplex de charme digne d'une revue de décoration.

Avant travaux et décoration

Après travaux et décoration

Les points importants pour valoriser votre bien

- Désencombrer l'espace
- Réparer les signes de vieillissement
- Nettoyer
- Disposer les meubles de façon avantageuse
- Dépersonnaliser les pièces
- Rajouter quelques éléments de décoration pour un effet « coup de cœur »
- Travailler sur la mise en scène
- Soigner la qualité des photos pour faire « ressortir » votre annonce sur Internet.

• Les conseils essentiels pour réussir vos travaux

Le secret de la réussite lorsque l'on fait rénover un appartement c'est de surveiller tous les jours les travaux effectués. En effet, les malentendus sont nombreux et parfois les instructions mal comprises. Il faut aussi savoir imposer ses choix en matière de décoration. Il m'est arrivé souvent d'être confronté à un refus des entreprises de faire certaines choses, et cela sans raison réelle. Il faut vraiment prendre le temps de leur expliquer et même de les convaincre de faire ce que l'on demande, sous peine de se trouver à la fin des travaux avec un appartement standard, sans charme ni caractère et ressemblant à tous les autres.

En ce qui me concerne, je cherche toujours à mettre en avant les atouts cachés d'un appartement et je tente dans la mesure du possible de lui donner du cachet ou un charme particulier qui ne se retrouvera pas forcément ailleurs. Le fait d'en faire un appartement qui ne ressemble pas aux autres lui apporte indéniablement une valeur supplémentaire, puisqu'il est unique !

Il est important également de bien fixer une date de fin des travaux avec votre entrepreneur. En effet, si vous ne fixez aucune date à l'avance, vous risquez de voir vos travaux durer éternellement car en général l'entreprise en bâtiment qui travaille chez vous, a aussi dans le même temps d'autres chantiers. Il faut donc prévoir avec votre interlocuteur une date de fin de travaux (un mois ou un mois et demi suffisent pour des travaux généraux dans un petit deux pièces) et la faire respecter. Si le délai demandé vous semble trop long, n'hésitez pas à le négocier. Pour moi, le temps des travaux est aussi important que le prix ou la qualité.

• Objectif prioritaire : augmenter la valeur de votre bien... mais pas à n'importe quel coût !

Lorsque vous faites des travaux dans le cadre d'un investissement immobilier, il n'est pas toujours conseillé de tout refaire. Il faut avant tout privilégier les éléments qui influent directement sur le charme des lieux. Par exemple, il n'est pas nécessaire dans certains cas de remplacer le ballon d'eau chaude un peu vieux ou encore de changer le système de fermeture de la porte d'entrée. Bien sûr on peut améliorer chaque détail pour que le bien soit parfait au moment de la vente, mais cela n'a en général pas d'impact réel sur le prix de vente, à partir du moment où les éléments essentiels sont en bon état.

Il faut également savoir que transformer un appartement en haut standing dans un immeuble en mauvais état est souvent une perte de temps et d'argent. Il faut savoir s'adapter en quelque sorte à l'environnement immédiat du bien pour évaluer quels travaux valent la peine d'être effectués ou non. Pour ma part je m'efforce de garder toujours un style de décoration original et moderne mais j'adapte aussi les travaux en fonction du standing de l'immeuble. Si l'immeuble et le quartier sont de haut standing, je sais qu'en rajoutant du haut de gamme dans mon bien, cela va faire monter son prix, par contre dans un immeuble plus populaire, je vais, tout en soignant la décoration, m'adapter au standing de l'immeuble et du quartier. Rajouter du grand luxe ne fera pas monter le prix de vente pour autant, car l'environnement du bien déterminera un certain niveau de prix qu'on ne pourra pas dépasser, même si l'appartement est grandiose. Il faut donc savoir fournir un standing supérieur à celui proposé par l'état de l'immeuble et du quartier, mais ne pas chercher à en faire trop.

Ainsi, pour les revêtements, il est important de ne pas dépenser non plus des fortunes. Il faut savoir choisir du beau matériel moderne à moindre coût et surtout savoir combiner les différents matériaux pour une harmonie générale d'ensemble.

Les cinq points à retenir pour augmenter la valeur de son bien

- S'adapter aux goûts et besoins des acquéreurs.
- Adapter le niveau des finitions (matériaux, revêtements, décoration, etc.) aux contraintes imposées par l'environnement (quartier, immeuble, etc.).
- Savoir imposer ses choix auprès de vos prestataires.
- Bien suivre le chantier.
- Apporter du cachet grâce à une mise en valeur optimale.

• Quelques astuces pour une mise en scène… et une vente réussie

Toutes ces astuces sont utiles pour les personnes qui veulent mettre en vente leur appartement ou leur maison mais aussi pour les personnes effectuant des investissements immobiliers et des opérations d'achat-vente.

La première impression… et l'effet « coup de cœur »

La première vision du bien est essentielle car elle doit donner aux visiteurs l'envie de poursuivre la visite. Il faut donc que votre entrée soit chaleureuse et accueillante. La lumière est aussi importante, elle ne doit aveugler ni être trop faible. On peut rajouter une plante ou un miroir dans l'entrée pour rendre cet espace plus agréable.

L'effet surprise est un atout supplémentaire au moment de la visite et c'est l'un des éléments clés pour provoquer le coup de cœur du visiteur.

En effet, les acheteurs potentiels n'aiment pas avoir l'impression d'acheter une maison qui ressemble à celle du voisin ou acheter un produit que l'on retrouve à tous les coins de rue. Il est donc important dans la présentation de rajouter un ou deux éléments de style qui sortent de l'ordinaire.

L'espace

Comme nous l'avons vu dans les paragraphes précédents l'espace et la taille de l'appartement sont un élément primordial pour les acheteurs. Il est donc important de désencombrer les pièces pour que le visiteur ne soit pas gêné durant la visite. De plus, une accumulation d'objets peu donner aux acquéreurs une impression très négative et l'illusion d'un espace plus petit.

Pour donner un effet d'espace à l'appartement, il suffit d'appliquer quelques règles simples :

– privilégier les couleurs claires,
– éviter les motifs en général,
– il faut toujours laisser une partie de la pièce vide,
– ne pas couvrir les murs de tableaux,
– ajouter des miroirs à des endroits stratégiques,
– utiliser un mobilier contemporain, sobre et simple,
– le mobilier doit être de taille assez petite,
– il faut éviter d'accumuler les meubles et en mettre le moins possible.

Un endroit propre : évident mais déterminant !

Votre appartement ou votre maison avant la vente et au moment des visites doit être propre. Si ce n'est pas le cas, prévoyez de bien nettoyer et n'oubliez pas les détails importants tel que les meubles, la poussière, les étagères ou sous les lits. Chaque détail compte, car les acquéreurs potentiels sont très vigilants sur ce point. Dans la cuisine, même les appareils électroménagers doivent être propres.

Les défauts

Il faut éviter autant que possible les petits défauts ou les signes d'usure que l'on a tendance à ne plus voir au fil du temps et qui font très mauvais effet, car ils tendent à dévaloriser le bien. Vérifiez donc bien tous les coins de votre appartement et si nécessaire réparez les défauts ou donnez un bon coup de peinture.

L'allure générale de l'appartement en sera rehaussée et cela permet de décharger les acquéreurs potentiels de frais supplémentaires qui sont parfois difficiles à chiffrer.

Dépersonnalisez !

Au moment des visites, il est important que les visiteurs puissent aisément s'imaginer dans l'appartement qu'ils souhaitent éventuellement acquérir. Ils doivent pouvoir « se voir » vivre dans les lieux et visualiser facilement l'espace avec leurs meubles et leurs objets. Il est donc important de leur faciliter la tâche en dépersonnalisant un maximum vos pièces.

Cela signifie en clair que vous devez éviter tous les objets personnels tels que photos de famille, bibelots, collections personnelles, etc. Un espace dégagé qui offre de nombreuses perspectives d'aménagement est un plus au moment de la vente.

Jouez la neutralité

Il ne faut pas rendre l'intérieur fade et transparent, mais s'il y a une moquette d'une couleur trop vive ou une tapisserie à fleurs, il faut prévoir de la changer.
En effet, en matière de décoration, il faut savoir s'adapter aux goûts des acheteurs potentiels. Donc, il faudra songer à éviter une décoration trop excentrique ou trop chargée.

Sobriété et simplicité

Il est important d'avoir un ensemble assez dépouillé et simple, avec quelques couleurs pour égayer, mais n'oubliez pas de rajouter un ou deux objets ou un ou deux meubles originaux que l'on va remarquer et qui donneront le charme et la particularité de l'appartement. Par exemple : des tabourets de couleurs vives, une statue, un pouf original…
Le but est de donner un aspect unique et design qui donnera à l'appartement ou à la maison tout son charme et son authenticité.

L'ambiance

Certaines pièces ont du charme ou un caractère particulier à elles seules. Par exemple, grâce à une belle cheminée dans le salon ou une baie vitrée avec une belle vue. Mais certains appartements n'ont rien de spécial pour attirer l'œil ou attiser le désir de s'y installer.

Dans ce cas, il faut faire preuve de créativité et ajouter des éléments qui vont apporter de la chaleur, du confort ou du style. Vous pouvez par exemple rajouter des poutres dans une pièce mansardée, ou encore un beau miroir ancien.

Les couleurs

Il faut éviter les couleurs sombres (bleu foncé, marron, noir, gris foncé...) qui attristent le décor et privilégier les couleurs gaies et classiques tel que le rouge, le jaune, le bleu, le orange ou les couleurs pastel.

Pour donner une illusion de neuf, il est bon de donner un coup de pinceau dans toutes les pièces de la maison. Mettre de côté les préférences personnelles au profit de couleurs neutres qui ont l'avantage de ne déplaire à personne, de faciliter la visualisation d'un décor plus personnalisé et, si les couleurs sont suffisamment pâles, d'éclaircir les pièces. Par contre, trop de couleurs différentes ou des couleurs vives pourraient soulever la méfiance et donner l'impression de créer une diversion pour camoufler les défauts de la maison. Pour donner de la couleur et de la chaleur à la maison, opter plutôt pour des accessoires faciles à déplacer : coussins, vases, urnes, plantes et fleurs.

La lumière

La lumière est importante car c'est elle qui va mettre en valeur le décor ou certaines parties de l'appartement. Il faut essayer de créer une ambiance agréable grâce à des lumières tamisées qui adoucissent l'ambiance et harmonisent les formes. L'idéal est d'installer plusieurs sources de lumières à des endroits différents en fonction de l'utilité. Une lumière unique trop forte est à proscrire en général. Les bougies sont efficaces car elles diffusent une lumière tamisée reposante, ce qui dégage une atmosphère agréable. On peut aussi allumer quelques lanternes marocaines pour mettre en valeur un bel escalier, un balcon ou une terrasse...

• Respectez quelques principes de base en matière de décoration

Il y a des fautes de goût qu'il faut absolument éviter si vous ne voulez pas voir votre visiteur regagner la porte avant d'avoir vu l'ensemble de l'appartement.

Il faut éviter, par exemple, de mélanger dans une pièce différents motifs, comme carreaux, rayures, pois, fleurs, car le résultat serait désastreux. On ne peut mélanger les motifs que si l'on garde une ou deux couleurs uniques. Il faut privilégier un style un peu dépouillé à un style trop chargé.

Un décor minimaliste et contemporain demeure une valeur sûre.

Petit récapitulatif des principales erreurs à éviter

- Les murs sombres, les tapisseries à fleurs ou à motifs
- Les tableaux trop chargés ou trop originaux
- Les motifs en général
- Une lumière unique au plafond

Les accessoires de décoration

Il convient d'utiliser les accessoires de façon ponctuelle et non systématiquement dans chaque espace vide. Il faut aussi éviter d'accrocher des objets décoratifs pour couvrir un mur mais plutôt choisir des accessoires en fonction de l'espace (par exemple un grand tableau pour un grand mur et non l'inverse. Toujours laisser un ou deux murs nus.

Les tableaux. On accroche souvent les tableaux beaucoup trop haut sur le mur. Pour un effet plus esthétique, il vaut mieux les accrocher à hauteur de regard.

À éviter également, le tableau de taille moyenne au-dessus du canapé ou au-dessus du lit. Choisir plutôt un tableau très simple et très grand qui fera la longueur du canapé par exemple, ou deux ou trois tableaux dont le thème est identique mais avec des couleurs différentes. À éviter donc, les tableaux trop sombres, trop chargés ou trop agressifs.

Il faut éviter aussi d'accrocher trop de tableaux et privilégier une décoration légère qui mettra en valeur l'espace ou certaines caractéristiques avantageuses (poutres, cheminées, hauteur sous plafond,...)
Les accessoires doivent compléter le reste du décor et non l'alourdir.

Les plantes. Rajouter une ou deux plantes peut ajouter beaucoup à l'atmosphère de la maison. Elles doivent être de préférence grandes dans un pot moderne ou ancien en fonction du style, mais toujours très simple et discret.

Dans tous les cas, il faut éviter d'accumuler plusieurs petits pots de plantes verte, car cela ne rajoute aucun effet esthétique et donne une impression négative d'accumulation.

Les miroirs. Rajouter un miroir ou des miroirs est très tentant pour mettre en valeur un espace car souvent il réfléchit la lumière et donne une impression d'espace. Attention cependant à ne pas les utiliser n'importe comment.

Le miroir doit être installé uniquement dans un endroit où cela a du sens. Par exemple, il est inutile d'installer un miroir dans une entrée lorsqu'en vis-à-vis il y a un simple et banal mur blanc : cela accentuerait l'impression d'un espace plus petit.

Pour bénéficier des atouts d'un miroir dans un appartement, on peut par exemple le placer dans une niche, ce qui donnera l'illusion qu'il existe une autre pièce de l'autre côté. On peut également le placer dans un endroit qui reflétera des objets que l'on veut mettre en valeur (vase, plante, luminaire, escalier, fenêtre). L'idéal est de le mettre devant un espace ouvert et éclairé ou dans tous les cas, devant un coin de la maison que l'on souhaite mettre en valeur.

Un appartement clair et ensoleillé se vend toujours mieux. À cet effet, des miroirs judicieusement placés font des merveilles.

Les rideaux. Pour alléger l'espace et mettre en valeur les fenêtres, privilégier des rideaux légers, de couleur unie ou des stores qui donnent un effet moderne et contemporain. À éviter dans tous les cas les rideaux trop lourds, en velours par exemple, qui assombrissent la pièce et cachent la lumière.

Le mobilier

Dans la mesure du possible, il est préférable d'éviter une disposition trop classique des meubles et des objets pour apporter une touche d'originalité et de modernité.
Il faut éviter par exemple de laisser une table nue sans rien dessus car l'effet est froid et triste. Ajoutez un bibelot, plusieurs objets du même thème, des livres, etc. Évitez en tous les cas l'éternel vase placé au milieu de la table qui donne un effet trop vieillot.

Le charme sans les meubles. Lorsque l'on achète un bien pour le revendre immédiatement après, ce n'est pas la peine de le meubler, car cela ne permettrait pas de vendre plus cher. Difficile dans ce cas, de le rendre attrayant car un lieu vide, surtout s'il n'a pas de charme particulier, semble froid, terne et sans attraits.

Mais il est possible à peu de frais d'ajouter certains éléments qui vont apporter du style. Comme par exemple des fausses poutres, un beau miroir au-dessus de la cheminée ou de belles poignées de portes anciennes. Un coin cuisine très banal et sans intérêt peu devenir intéressant simplement en peignant les murs en une couleur vive ou chaude en fonction de l'effet qu'on veut obtenir. On peut également rajouter des rideaux qui vont mettre en valeur les fenêtres, des tabourets de bar originaux… Le but est de rajouter quelques accessoires, uniquement pour donner plus de vie et plus de chaleur à l'appartement.

Fenêtres et volets

Laisser les volets et les rideaux ouverts est important, surtout lorsque la vue est agréable et qu'il fait beau. Cela permet de laisser entrer la lumière et de donner une plus grande impression d'espace. S'il ne fait pas beau et que l'appartement est sombre, n'hésitez pas à allumer la lumière.

La salle de bain

Elle doit être impeccable et très bien rangée. Pour la décoration, optez plutôt pour une pièce maîtresse tel un beau vase, une belle sculpture voir une belle chaise ou un banc s'il y a de la place. Et ne pas oublier de rajouter une ou deux serviettes de bain propres dont les couleurs sont en harmonie avec les carreaux de la salle de bain.

Le sol

Le type de sol le plus demandé est le parquet chêne. Viennent ensuite les autres types de parquet et les carreaux. La moquette et le linoléum sont moins appréciés. Il est possible si l'on veut éviter des coûts trop élevés de repeindre le linoléum en harmonie avec le décor ou de poser un linoléum imitation parquet.

Chapitre 3

LA VENTE

Au même titre que l'achat, la location, les travaux et la mise en valeur, la vente est une étape importante.

Lorsque vous vendez un bien, si votre prix de vente n'est pas suffisamment élevé, votre plus value risque d'être nulle ou très faible et si vous n'arrivez pas à vendre assez rapidement, vous risquez aussi de perdre de l'argent. Il est donc important pour cette étape, de tenir compte de certaines astuces qui ont l'air parfois futiles, mais qui se révèlent souvent payantes au bout du compte.

• Les conseils de base pour bien vendre

Faire de belles photos de votre bien et les ajouter à votre annonce sur le net.

Mettre en valeur son bien et le présenter sous son meilleur jour lors des visites.

Fixer le bon prix : un prix qui correspond au prix du marché voire un peu supérieur si votre bien a des atouts supplémentaires (belle décoration, poutres, cachet, belle vue, hauteur sous plafond, belles prestations…).

Élargir son offre au maximum : mettez votre annonce sur le net mais n'hésitez pas aussi à faire travailler les agences.

Une annonce bien rédigée : rédigez votre annonce avec soin, en mettant l'accent sur les éléments positifs.

Faire autant que possible des visites groupées pour donner aux acquéreurs l'impression que votre bien risque d'être vendu rapidement.

Vendre rapidement. Il faut éviter autant que possible de laisser votre bien en vente trop longtemps, car cela donne aux acquéreurs une image négative.

Ne pas stopper les visites après la signature du compromis, car l'acquéreur a sept jours pour changer d'avis, et cela arrive plus souvent qu'on ne le croie.

Étant donné que le marché de l'immobilier est toujours très actif aujourd'hui, il est important de préparer son appartement à la vente en soignant sa présentation et la mise en scène. Cela permet de se démarquer par rapport aux autres biens en vente et de séduire les acquéreurs.

Il n'est pas nécessaire d'avoir un budget important pour cela, il suffit de mettre en valeur certains éléments et d'appliquer quelques règles simples. Quelques modifications suffisent parfois pour obtenir une différence de prix ou déclencher une vente. Pour une rénovation complète d'un appartement en mauvais état général il faut compter environs 700 € le mètre carré, hors équipements. Par contre, pour des travaux moins importants ou un embellissement il faut compter environ la moitié, c'est-à-dire 350 € le mètre carré. Bien entendu, tout cela est difficile à chiffrer avec exactitude car les devis se font toujours au cas par cas et sont très variables d'un appartement à l'autre et en fonction des travaux à réaliser. Considérez donc que les chiffres que je vous donne sont une base « moyenne » de travail.

Présenter l'appartement en vente sous son meilleur jour et révéler sa valeur maximale permet :

– de cibler plus d'acheteurs ;
– de jouer sur l'effet « coup de cœur » lors des visites ;
– d'obtenir un maximum d'impressions positives ;
– de limiter d'éventuels coûts supplémentaires pour l'acheteur ;
– de donner aux futurs acheteurs un aperçu du potentiel d'aménagement ;
– de séduire les acheteurs en s'inspirant de leurs goûts ;
– de valoriser votre annonce sur interne grâce aux photos ;
– dans certains cas, de provoquer une surenchère du prix de vente si deux acquéreurs se déclarent intéressés en même temps ;
– d'éviter de laisser votre bien trop longtemps en vente. En moyenne, aujourd'hui un bien doit être vendu dans un délai de trois mois grand maximum. Si ce n'est pas le cas, il suffit parfois de réajuster légèrement le prix à la baisse pour déclencher un intérêt plus important.

• Bien vendre : une accumulation de « petites » choses

Détecter et remédier aux défauts qui peuvent freiner la vente

Comme par exemple, un style trop chargé ou inadapté aux goûts des acheteurs, certains signes d'usure qui tendent à dévaloriser l'aspect général, un lieu mal entretenu…

Faciliter la tâche de l'acheteur en l'aidant à s'imaginer dans l'espace

Dans une pièce vide ou mal aménagée, on a du mal à visualiser l'aménagement des pièces. De plus, l'acheteur potentiel risque de s'attarder sur certains détails négatifs. Une ambiance accueillante et chaleureuse va l'influencer positivement et lui permettre de s'imaginer facilement dans l'appartement.

Mettre en valeur

En mettant en valeur l'espace, les volumes ou l'architecture. Par exemple pour donner un effet de volume, on peut disposer les meubles de façon à optimiser l'espace. De même, un lieu avec peu de meubles et assez dégagé ou des meubles de petite taille accentue l'effet d'espace.

Rechercher et rajouter des éléments de décoration en harmonie avec le mobilier existant et adapté aux goûts des acheteurs pour un effet « coup de cœur ».

La publicité

Aujourd'hui, le propriétaire vendeur qui ne rajoute pas de photos à son annonce sur Internet, risque de voir son bien passer inaperçu parmi les nombreuses offres disponibles sur le marché. De même, s'il rajoute des photos sans charme ou sans avoir mis en valeur son bien au préalable, il risque dans certains cas, de provoquer l'effet inverse de celui escompté c'est-à-dire de décevoir l'acheteur à la source et de lui enlever l'envie de venir visiter le bien.

Internet : un rôle incontournable

Désormais, la plupart des annonces de vente de biens immobiliers sont d'abord triées et sélectionnées par les acquéreurs sur Internet, dans le cadre d'une présélection.

Cette façon de procéder tend à se développer. Très pratique pour les personnes cherchant un logement rapidement et n'ayant pas le temps de se déplacer, les annonces sur Internet permettent de diviser le nombre de visites par deux.

Aujourd'hui déjà, certaines personnes ne se déplacent que pour les trois ou quatre appartements choisis sur le net pour lesquels elles auront eu « un coup de cœur » grâce aux photos notamment. L'époque où l'on gaspillait son énergie et son temps précieux à visiter des biens qui ne correspondent pas du tout à ce que l'on recherche est bientôt révolue. Grâce aux photos, aux films ou aux visites virtuelles en 360° les acquéreurs auront de moins en moins besoin de se déplacer pour apprécier l'intérieur d'une propriété ou les détails d'un appartement.

Dans ce contexte, il est primordial de soigner la présentation de son bien avant de le photographier ou de le filmer pour votre annonce.

Lorsque l'on sait que 75 % des internautes regardent d'abord les annonces avec photos ou avec film vidéo, on comprend vite que la présentation et la décoration peuvent avoir un impact important sur la vente et le prix final.

• Faut-il passer par une agence ?

Je vous conseille de passer par une agence si vous n'êtes pas sur place ou si vous voulez vendre rapidement. Grâce aux agences vous pouvez bénéficier de services intéressants tel que la diffusion de votre annonce sur divers sites Internet ou l'affichage de votre bien en vitrine.

Si, au contraire, vous avez le temps de vous occuper de la vente de votre bien, alors n'hésitez pas et vendez en direct en faisant paraître votre annonce par exemple dans le journal de particulier à particulier, journal aujourd'hui le plus consulté par les futurs acquéreurs. Il faut compter environs 120 € pour une parution de six semaines sans photo mais si vous rajoutez une galerie photo il faudra rajouter 24 € supplémentaires minimum.

Certaines personnes font ajouter à leur annonce la mention : « agence s'abstenir ». Économisez vos mots et évitez de rajouter cette phrase, car les agences vous contacteront de toutes façons. De plus, il serait dommage pour vous de refuser toute intervention d'une agence car la publicité faite sur leur site ou dans la presse spécialisée vous permettra de cibler un public beaucoup plus large, surtout si vous signez des mandats avec plusieurs agences. Parfois les propriétaires particuliers ne souhaitent pas faire appel aux agences pour vendre leur bien car ils sont souvent très sollicités par elles dès que leur annonce paraît. Ils reçoivent parfois plusieurs coups de fil par jour d'agences à la recherche de mandats. Souvent aussi les agences essayent de faire baisser les prix, parfois un peu trop élevés, et cela peut être mal accepté par les propriétaires qui veulent vendre au prix fort. Il y a également certaines contraintes pratiques que les propriétaires veulent s'éviter comme par exemple confier un ou des jeux de clés ou passer leur temps à faire visiter leur bien aux agences. Beaucoup de propriétaires pensent aussi que s'ils vendent par l'intermédiaire d'une agence, ils vendront moins cher que s'ils vendent directement. Mais l'expérience montre que cela n'est pas forcément vrai.

L'idéal pour vendre efficacement est de faire visiter votre bien au maximum de personnes (agences et particuliers) pour mettre le plus de chances de votre côté. Attention en revanche aux contrats en exclusivité qui vous bloquent dans cette démarche et vous obligent à refuser d'autres agences ou de vendre en direct. Ces contrats en exclusivité ne sont pas forcément avantageux pour vous.

L'inconvénient de signer un contrat en exclusivité avec une agence classique est que si elle n'arrive pas à vendre votre bien dans les délais convenus (en général trois mois), vous aurez perdu beaucoup de temps pour rien et comme nous le verrons plus loin, laisser son bien en vente trop longtemps n'est pas valorisant. Toutes les personnes qui auront vu votre bien en ligne ou dans la presse se diront qu'il est invendable et vous n'aurez pas d'autre solution que de baisser votre prix pour trouver acquéreur.

Qui paye les frais d'agence ?

La question est souvent posée et les réponses à ce sujet, pas toujours très claires. On pourrait penser de prime abord, et selon toute logique, que la commission d'agence est versée par le vendeur qui recherche une aide de la part de l'agent et qui le sollicite pour trouver un acquéreur. Mais, en raison du contexte économique actuel, les vendeurs sont moins nombreux que les acheteurs, ce qui signifie que les agences cherchent plus à amadouer les vendeurs que les acheteurs. En ce moment, il y a une pénurie de biens qui peut-être préjudiciable pour les agences d'autant plus que la concurrence est rude.

Ainsi, comme je l'ai dit plus haut, les agences ont tendance, ces dernières années, avec l'envolée des prix de l'immobilier, à accepter de rajouter leur commission sur le prix de vente fixé par le propriétaire, même si celui-ci est déjà élevé. Ainsi, en vendant son bien par l'agence, le propriétaire ne paiera pas de commission et c'est l'acheteur qui en supportera les frais.

Lorsque vous passez par une agence, il n'y a aucun moyen de savoir si celle-ci a rajoutée sa commission sur le prix initial de vente du propriétaire ou s'ils ont discutés ensemble au préalable pour abaisser ce prix et rajouter ensuite la commission d'agence pour arriver à un prix correspondant au marché. Vous n'aurez aucun moyen de le savoir précisément, et bien sûr ce ne sont pas des questions à poser à l'agence, puisque ça ne regarde que les deux parties concernées, c'est-à-dire l'agence et le propriétaire.

Quoi qu'il en soit, cela vous importe peu puisque si le produit est à vendre par l'agence, vous ne pourrez plus l'acheter directement au propriétaire. L'important pour vous en tant qu'acheteur est de calculer le prix au m^2 pour voir si celui-ci correspond bien au prix du marché, et s'il est trop élevé, vous pouvez toujours proposer un prix plus bas. L'agence à ce moment là baissera ses commissions ou demandera au propriétaire de baisser son prix de vente.

Lorsque vous traitez avec une agence, sachez que vous ne pourrez pas tout contrôler. Et encore une fois, les agences en général, font en sorte que le vendeur et l'acheteur y trouvent tous les deux leur compte. En revanche, il ne faut pas hésiter à négocier si le prix vous semble un peu trop haut. Les agences aident aussi à négocier le prix auprès des vendeurs puisqu'ils ont un rôle d'intermédiaire. Ainsi, si vous ne cherchez pas à faire baisser le prix, ils ne le feront pas à votre place, puisque leur intérêt est que la transaction se fasse et qu'ils puissent toucher leur commission. Si le prix de vente est plus élevé, leur commission le sera aussi…

Par contre si vous montrez votre intérêt et que vous proposez un prix plus bas, ils vont négocier à leur tour avec le propriétaire et comme ce sont des professionnels et qu'ils ont l'habitude et l'expérience de ce genre de chose, ils le feront le plus souvent avec succès.

Peut-on négocier les commissions d'agence lorsque l'on est vendeur ?

Si vous vendez votre bien par une ou des agences, négociez le montant des commissions qu'elles ajouteront à votre prix de vente si c'est possible. En général, les honoraires d'une agence ne devraient pas dépasser 5 à 8 % en France, mais comme les honoraires d'agence peuvent être fixés librement il arrive que certaines agences dépassent les 8 %.

Vérifiez donc cela au moment où l'agent vous remet le mandat de vente pour signature. Profitez-en pour vérifier le montant de la commission en faisant la différence entre votre prix de vente et celui qui sera proposé au client. Sachez également que l'agence est tenue d'afficher en vitrine les barèmes qu'elle applique pour informer ses clients de façon claire et transparente.

Les commissions peuvent varier aussi en fonction du prix du bien. Par exemple dans certaines agences, si le prix du bien est en vente entre 130 000 et 140 000 €, une commission de 6 % peut-être demandée, et pour un prix entre 140 000 et 150 000, l'agence peut demander une commission de 7 ou 8 %. Certaines agences préfèrent appliquer un taux fixe par tranche de prix (par exemple 6 000 € pour la première tranche, 8 000 pour la deuxième, etc.) et rajouter une commission qui sera alors toujours de 4 % quel que soit le prix de vente.

Pour inciter le propriétaire vendeur à choisir de signer avec elles un contrat d'exclusivité, les agences vont en général appliquer des commissions plus basses. Mais d'autres préféreront ne pas faire de distinction entre ces deux mandats et proposer plutôt des avantages tel qu'une mise en avant de l'annonce en vitrine ou encore la gratuité des diagnostics pour un mandat exclusif.

Si les commissions dépassent les 8 %, vous pouvez essayer de les négocier. Ce n'est pas très apprécié mais, après tout, si l'agence cherche à vous faire baisser votre prix de vente, il n'y a pas de raison que seul le vendeur fasse un effort…

• Une vente, deux propositions

Pour la vente de mon bien lors de mon premier achat/revente, j'ai eu énormément de visites car les photos que j'avais rajoutées à l'annonce ont attiré beaucoup de monde. Cependant, il y avait un problème de toiture qui traînait depuis des années ainsi qu'un appartement en vis-à-vis assez gênant. Comme c'était la première fois que j'effectuais ce type d'opération, je n'étais pas très rassurée et quoi qu'il en soit, je ne voulais pas laisser l'appartement trop longtemps en vente.

Je l'ai en définitive vendu en à peu près un mois seulement, après avoir organisé une centaine de visites dont une soixantaine avec agences et une quarantaine directement pour des particuliers.

J'ai eu des avis très différents, mais les agences cherchaient à me faire baisser mon prix de vente qu'ils trouvaient beaucoup trop élevé pour le quartier et l'état de l'immeuble. « Vous ne vendrez jamais à ce prix là. », ou « rappelez-nous lorsque vous aurez baissé votre prix de 20 % ».

Après un mois et beaucoup de visites je n'avais eu aucune proposition. Je commençais un peu à désespérer lorsqu'un jour une dame est passée avec sa fille. Elles voulaient l'acquérir au prix de 160 000 € (alors que le prix était de 165 000 €). Persuadée que l'affaire était presque réglée et aussi soulagée de ne plus devoir aller faire les visites, je rentre chez moi lorsque le téléphone sonne : c'était une agence qui m'appelait pour me prévenir que mon bien était vendu à 160 000 € à un couple qui était venu visiter dans la matinée. En expliquant à l'agence que j'avais déjà trouvé acquéreur, mon interlocuteur s'est mis dans tous ses états.

Pour lui, cette vente devait se faire avec son client puisqu'il avait fait visiter le bien dans la matinée avant que je ne le montre à la dame dans l'après-midi.

Je lui ai expliqué que je ne souhaitais pas annuler l'engagement que j'avais pris auprès de cette dame. Mais il a insisté et, finalement, j'étais prête à accepter moyennant un prix plus intéressant. Je lui ai donc dit : « si vous me proposez un prix plus attrayant je pourrais peut-être revoir mon point de vue ». Dans le quart d'heure qui a suivi il m'a rappelé pour me faire une proposition à 163 000 € ». Ainsi, voyant qu'il tenait beaucoup à l'affaire je lui ai rétorqué : « si vous me proposez le prix affiché, c'est ok pour moi ». Sur ce, il accepte et me propose 165 000 € pour acquérir le bien. J'ai accepté cette proposition étant donné que le prix affiché dans l'annonce était bien de 165 000 €. Je ne me serais pas permise de faire monter les enchères au dessus du prix affiché. J'ai ensuite dû appeler la dame et sa fille et leur expliquer qu'un acheteur avait proposé un montant plus élevé pratiquement en même temps qu'elles. Comme elles n'ont pas voulu, de leur côté, acheter à ce prix-là, elles ont dû renoncer à obtenir ce bien. Elles étaient déçues, je pense, mais telle est la loi du marché…

Il m'était arrivé une histoire similaire pour la vente d'un autre bien et là, le premier acquéreur qui voulait absolument l'appartement, a fait une autre proposition plus élevée et s'en est suivi un va et vient entre les deux personnes intéressées car aucune ne voulait « lâcher » l'affaire.

J'ai très vite arrêté ce petit jeu, car la situation devenait grotesque et l'on s'éloignait de plus en plus de la vraie valeur de l'appartement.

Je pense que s'il est important de rester sur ses gardes et de bien « tirer son épingle du jeu » lorsque l'on investit dans l'immobilier, il faut toujours veiller à rester dans les limites du raisonnable. Profiter à l'excès d'une situation n'est jamais payant. Chaque bien a un prix, une valeur sur le marché et il ne sert à rien de vouloir vendre son bien à un prix plus élevé que sa vraie valeur. Je dis bien sa « vraie » valeur, car un appartement « coup de cœur » avec vue, dans un quartier recherché aura une autre valeur que celui qui est vieillot ou en mauvais état et qui donne sur une cours sombre. En revanche, si votre bien est valorisé par rapport aux autres sur le marché grâce à un aménagement qui le mettra en valeur, il sera bien sûr possible, comme je l'ai expliqué, de rajouter 10 voire 15 % au prix moyen du marché, puisque votre bien est devenu unique du fait qu'il ne ressemble pas à la majorité des autres et qu'il est donc beaucoup plus recherché. Fixer le bon prix, c'est-à-dire le vendre à sa vraie valeur, qui sera fonction de l'offre et de la demande, est donc important pour bien vendre. Mais chercher à vendre à tout prix au-dessus n'est pas correct vis-à-vis des acquéreurs et cela ne vous rendra pas service au bout du compte car vous risquez de ne pas vendre ou d'avoir des acquéreurs qui vont se désister au dernier moment.

Pour bien vendre il est important de tenir compte de ces deux éléments :

- ne pas se complaire dans le jeu des enchères au-delà du prix fixé sur l'annonce ;
- fixer le prix qui correspond à la valeur réelle de votre bien qui peut être supérieure au prix du marché si vous avez fait des travaux d'aménagement et de décoration.

Voici mes conseils pour fixer le « bon » prix.

• Comment fixer le « bon » prix ?

Chaque propriétaire vendeur fixera son prix en fonction de paramètres qui lui sont propres. Pour ma part, je procède de la façon suivante :

– je fais d'abord une analyse rapide du marché immobilier du moment en faisant le tour des annonces sur Internet, que ce soit les annonces entre particuliers ou diffusées par les agences ;

– je note ensuite le prix des appartements en vente de la même surface et dans le même quartier ;

– après avoir fixé un prix moyen du marché, je rajoute ou je soustrais à ce prix de 1 à 3 % selon les éléments que je considère comme des plus ou des moins.

Par exemple pour :

– des poutres : je rajoute 1 % au prix du m^2 ;
– une belle vue : je rajoute 3 % au prix du m^2 ;
– un immeuble en mauvais état : j'enlève 3 % au prix du m^2 ;
– clair et calme : je rajoute 2 % au prix du m^2 ;
– Rez-de-chaussée : j'enlève 3 % au prix du m^2 ;
– etc.

Beaucoup d'autres éléments peuvent entrer en ligne de compte : un balcon ou une terrasse, une concierge, un étage élevé, une grande hauteur sous plafond...

Y a-t-il une « bulle immobilière » ?

Q. : *« Même si les prix de l'immobilier ont l'air de se maintenir à Paris (mais pour combien de temps...) certains "experts" et une partie de la presse prétendent qu'il y a une bulle immobilière dans ce pays et que les prix vont bientôt baisser. Qu'en pensez-vous ? Est-ce le bon moment pour investir ? Quelles seraient les conséquences d'une baisse globale de l'immobilier sur le type de montage que vous préconisez ? »*

Le conseil d'Elise Franck

L'avantage du type de montages que je propose (et que j'ai appliqué) est qu'il permet de générer des rentes en quelques années. « Rentier » ne veut pas dire être propriétaire d'une multitude de biens avec autant de crédits sur le dos, mais être réellement propriétaire (sans dettes) d'un ou de plusieurs biens immobiliers. Les montages que je préconise n'impliquent pas d'investir au maximum, jusqu'à épuisement de sa capacité d'emprunt, mais plutôt de rembourser le plus tôt possible ses dettes (ou une grosse partie) pour être rapidement indépendant et à l'abri d'une éventuelle baisse des prix.

L'avantage de cette méthode, outre le fait qu'il permet d'accéder à une totale indépendance financière, est justement de protéger l'investisseur si une baisse globale de l'immobilier devait apparaître.

Si les prix de l'immobilier baissent, ainsi que les loyers, le seul risque que je cours est de voir mon revenu locatif baisser, et encore, cette situation est très peu probable dans la mesure où, grâce au « home staging », mes appartements sont toujours recherchés.

Par ailleurs, je ne suis pas dans une situation « à risque » puisque même si, au pire des cas, tous les prix locatifs descendent de plus de moitié, (ce qui est complètement improbable), comme je n'ai plus qu'une infime partie de mes dettes à rembourser, je suis à l'abri

d'une situation ingérable où mes revenus locatifs deviendraient inférieurs à mes dettes.
Pour les opérations d'achat-revente, une légère baisse n'aura pas de conséquence majeure à partir du moment où l'on achète un appartement au plus bas prix (de préférence une petite ou moyenne surface) et que celui-ci est mis en valeur grâce à un aménagement optimal, à moindre coût et qui plaira à une majorité d'acheteurs potentiels (c'est le principe du *Home Staging*). Ainsi, la courte durée de cette opération (environ 4 mois entre la promesse de vente et la revente) qui, en outre, repose sur la mise en valeur du bien et non sur une fluctuation du marché, permettra de réaliser quand même une plus-value si un certain nombre de critères sont respectés (vous en trouverez la liste dans ce livre). J'en ai fait l'expérience moi-même en achetant récemment un appartement de 50m^2 pour 250 000 euros tous frais compris, que j'ai revendu 4 mois plus tard à 300 000 euros dans une conjoncture actuelle que l'on dit baissière ! Au final, ma plus-value pour cette opération se monte à 36 000 euros.
L'avantage de ma méthode est donc la « spécificité » de mes appartements qui en font des produits rares et recherchés, aussi bien à la location qu'à la revente, et une méthode d'investissement qui permet d'être le moins dépendant possible des banques pour une sécurité maximale en cas de fluctuations à la baisse du marché immobilier.

Vous pouvez bien sûr aussi demander l'avis d'une agence immobilière qui se trouve dans le quartier où est situé le bien que vous voulez vendre. Les agences connaissent bien les prix du marché et vous donneront une bonne estimation.

Je demande moi-même toujours l'avis des agences sur un prix de vente, mais je prends souvent leur estimation comme un prix moyen auquel je rajoute les éléments positifs ou négatifs car c'est vrai qu'à chaque fois que j'ai vendu un bien, je l'ai fait à un prix de vente supérieur d'environ 400 € à celui qui m'avait été donné par une agence (en particulier pour les biens que j'ai rénovés).

Un bon moyen de « tester » un prix de vente et de constater le nombre de visites que vous obtenez après le passage de votre annonce. Si vous avez très peu d'appels et aucune visite prévue vous pourrez conclure rapidement que votre prix est largement au dessus du marché.

Si, au contraire, vous êtes submergés d'appels c'est que votre prix est très bas. L'idéal est de mettre d'abord le prix fort, puis en fonction du nombre d'appels et de visites, de l'ajuster en conséquence. Il vaut mieux procéder de cette façon plutôt que l'inverse car si vous mettez sur votre annonce un prix trop bas, vous ne pourrez plus l'ajuster à la hausse. En effet, les journaux d'annonces entre particuliers acceptent que vous leur demandiez de corriger le prix à la baisse mais pas l'inverse.

Si vous vous rendez compte après coup que votre prix est fixé trop bas, il sera trop tard pour l'ajuster à la hausse sur la même annonce et il faudra dans ce cas l'annuler et en remettre une autre avec les frais supplémentaires que cela induit.

Par ailleurs, dire aux visiteurs que le prix est supérieur à celui qu'ils ont lu dans l'annonce fait plutôt mauvais effet. Non seulement vous risquez de décevoir les visiteurs ou futurs acquéreurs mais vous risquez surtout de faire beaucoup de visites pour rien puisque les personnes qui se déplacent pour voir un appartement, le font en général parce que leur budget correspond au prix annoncé. Leur expliquer que le prix est plus élevé que prévu alors qu'ils se sont déplacés exprès est plutôt mal venu.

À vous donc d'ajuster votre prix en fonction des réactions à votre annonce. Normalement vous devez avoir en moyenne au moins trois appels par jour pendant les premiers jours et environ cinq appels par semaine deux semaines après la date de parution de l'annonce. Aujourd'hui il faut compter à peu près un mois pour vendre un bien dont le prix est correctement fixé.

Chapitre 4

LA LOCATION

• Rechercher une rentabilité locative élevée

Il y a deux façons de louer son bien : meublé ou vide, et chacun choisira le type de location qui lui convient le mieux.

Si vous louez « vide », le loyer sera moins élevé mais vous aurez moins besoin de vous en occuper et les locataires, en principe, vont rester plus longtemps.

Louer en meublé demande un peu plus de travail et de disponibilité, car les locataires ne restent pas plus d'un à trois ans. Il faut donc renouveler les baux régulièrement et pouvoir intervenir aussi en cas de problème lié aux équipements de la maison. Un appartement loué « meublé » doit obligatoirement l'être et disposer en outre d'un certain nombre d'équipements utiles pour la vie courante. Il faudra prévoir entre autres :

– un ou des lits en fonction du nombre de personnes,
– des rangements suffisants pour le linge de lit, la vaisselle ou les vêtements,
– des lampes pour l'éclairage,
– la cuisine doit être équipée au minimum de plaques chauffantes, d'un four à micro-ondes et d'un réfrigérateur,
– si possible et si vous avez la place, prévoyez un bureau, surtout si vous louez à des étudiants,

– dans le salon, il faut prévoir un canapé, de préférence convertible en lit, une table basse ainsi que des étagères pour ranger les livres,
– même si il n'y a pas la place pour installer une vraie salle à manger, prévoyez quand même une table pliable ainsi que quelques chaises,
– rajouter une télévision, une chaîne hifi ainsi qu'une connexion Internet peut-être un vrai plus,
– prévoir également quelques éléments de vaisselle, de quoi faire le ménage, un aspirateur, un balai, un fer à repasser avec la table à repasser.

Tous ces équipements ne sont pas obligatoires mais seulement conseillé pour une location en meublé digne de ce nom.

Si vous préférez miser sur un minimum de frais, il faudra cependant prévoir le strict minimum légal, c'est-à-dire un lit pour dormir (sommier et matelas), une table pour manger avec des chaises ainsi qu'une cuisine équipée d'un réfrigérateur et de plaques chauffantes, des rangements et de préférence un canapé-lit s'il s'agit d'un deux pièces. Une décoration même minime paraît indispensable pour louer correctement.

Pour ma part, je loue autant que possible en meublé car j'obtiens un bien meilleur prix grâce à la décoration du lieu. De plus, le statut de loueur en meublé, même non professionnel, permet de bénéficier du régime fiscal « micro-bic » et donc d'une réduction d'impôts conséquente sur les revenus fonciers.

Comment différencier le LMP (« loueur en meublé professionnel ») du LMNP (« loueur en meublé non professionnel ») ?
La personne qui loue un ou des biens en meublé est considérée par l'administration comme un « Loueur en Meublé Professionnel » à partir d'un montant de revenus fonciers équivalent à 23 000 € ou si les

revenus fonciers représentent plus de 50 % des revenus totaux. Sinon vous êtes considéré comme « Loueur en Meublé Non Professionnel »[1].

• Les avantages de la location en meublé

- un abattement fiscal de 72 % sur vos loyers ;
- des locataires qui ne restent que quelques années, ce qui permet d'augmenter le loyer régulièrement ;
- moins de risques de non paiement du loyer puisque les locataires ne restent que sur des périodes de un à trois ans en général. Donc il y aura moins de risques de retournement de situation en si peu de temps ;
- bonne possibilité de revalorisation grâce à une décoration attrayante.

• Les impôts fonciers

Baisser les impôts fonciers

Q. : *« Quelle est votre solution pour baisser vos impôts fonciers ? »*

Le conseil d'Elise Franck
J'ai opté pour le statut fiscal de LMNP (Loueur en Meublé Non Professionnel) qui permet de bénéficier d'une réduction d'impôts.

1. Il existe des ouvrages spécialisés sur ce thème que vous pourrez vous procurer facilement comme par exemple l'ouvrage *Moins d'impôts grâce à l'immobilier* de Jean-Louis Le Boulc'h, 5e éd. aux éditions Maxima.

Le LMNP est une formule trop méconnue qui mérite d'être étudiée de plus près, en particulier pour les contribuables ne se trouvant pas dans les tranches d'imposition les plus élevées car, quelle que soit votre tranche marginale d'imposition (TMI), la TVA de 19,6 % sur le prix d'acquisition est récupérable par tous (ce qui correspond à une remise de 16,39 % sur le prix TTC) à condition que :

- le logement soit situé dans une résidence avec services ou une résidence de tourisme classée ;
- l'investisseur passe un bail commercial d'au moins neuf ans avec un exploitant offrant les quatre services para-hôteliers suivants : accueil et gardiennage, entretien des parties privatives, petits déjeuners, fourniture du linge de maison.

La procédure permettant de récupérer la TVA est déclenchée dès que l'investisseur peut justifier avoir perçu trois mois de loyer. Trois à six mois plus tard, il recevra un chèque des services fiscaux qu'il utilisera pour se faire plaisir, rembourser ses échéances de prêt ou compléter un contrat de capitalisation (type assurance vie par exemple) dans le cadre d'un prêt *in fine* qui permet de se constituer des revenus nets d'impôts. La déduction des amortissements permet de générer des revenus nets d'impôts pendant un certain nombre d'années après remboursement de l'emprunt, variable selon le financement (*in fine* ou amortissable). Pendant la période d'épargne, certains gestionnaires de résidences de tourisme vous permettent d'utiliser votre bien pendant quelques semaines par an.

Au terme de l'emprunt, vous êtes propriétaire d'un appartement, bien situé au cœur d'une ville ou d'un site touristique, qui vous procure des revenus revalorisés chaque année en fonction de l'indice de la construction ou de l'IRL.

Le statut de Loueur Meublé Non Professionnel est accessible à tous, facilement. Le bien loué doit être meublé. Il n'y a pas d'inscription au RCS (Registre du commerce et des sociétés). Les revenus locatifs du LMNP doivent être déclarés dans les BIC (Bénéfices Industriels et Commerciaux).

Les loyers perçus en LMNP sont soumis à la TVA de 5,5 %).

UN RÉSULTAT FISCAL ÉGAL À 0 PENDANT PLUS DE 25 ANS

Chaque année, au lieu d'être imposé sur la totalité des loyers perçus, l'investisseur LMNP pourra déduire de ses revenus locatifs (BIC):
– les intérêts d'emprunt,
– les charges de propriété et copropriété,
– les amortissements des meubles (répartis sur 5 à 7 ans),
– les amortissements des murs (répartis généralement sur 20 à 30 ans)

Ces déductions vont diminuer les revenus fonciers du propriétaire et donc réduire (idéalement à 0 €) les impôts à payer sur les loyers perçus.

Si le montant total des déductions à effectuer est supérieur aux revenus locatifs, le différentiel (que l'on appelle le « déficit BIC ») sera reporté et utilisé pour effacer d'éventuels bénéfices futurs.

En période déficitaire, les amortissements ne peuvent être déduits mais seront imputés sur les revenus locatifs des années non déficitaires.

RÉGIME DU MICRO BIC

Les revenus provenant de la location habituelle d'un logement ou de chambres loués meublés, s'ajoutent chaque année au revenu global du propriétaire dans la catégorie des bénéfices industriels et commerciaux (BIC). Lorsque les revenus tirés de cette location n'excèdent pas 76 300 €, le contribuable est soumis, en principe, au régime des « micro-entreprises ». Celui-ci prévoyait jusqu'ici un abattement de 72 %. À compter de l'impôt sur les revenus de l'année 2006, ce taux est ramené à 71 %.

Les revenus locatifs sont considérés en matière d'impôts, comme un revenu supplémentaire qui va s'ajouter aux autres revenus du ménage. L'ensemble de ces revenus est alors imposé au taux marginal des impôts sur le revenu. Il est cependant possible de déduire de ces impôts certains frais tel que les charges, les intérêts bancaires ou le prix des travaux pour réduire vos impôts fonciers.

L'alternative, si vous louez en meublé est d'appliquer le régime du micro bic (BIC : Bénéfices Industriels et Commerciaux) qui prévoit que le revenu locatif est imposé au taux marginal des impôts sur le revenu après un abattement forfaitaire de 68 %. Avec le micro bic vous ne serez donc taxé que sur 32 % de vos revenus locatifs.

Le micro bic est plus avantageux dans mon cas de figure, c'est la raison pour laquelle j'ai préféré opter pour ce régime pour mes trois appartements.

Pour être assujetti au micro bic il faut louer ses biens en meublé et le total du loyer perçu doit être inférieur à 76 300 € hors taxes par an.

Dans mon cas, c'est le régime en micro bic qui est appliqué pour mes trois appartements que je loue en meublé, et pour le fond de commerce et les parkings, je suis imposée au taux marginal des impôts sur le revenu. Le micro bic me permet donc de payer moins d'impôts au global.

Ce régime, idéal pour mon cas, ne le sera pas forcément pour tout le monde. Rien ne remplace une bonne analyse de votre situation par un expert comptable, qui vous donnera la meilleure solution pour diminuer vos impôts.

J'ai ainsi réussi grâce à cette méthode simple et accessible à tous, mais dans laquelle rien n'est laissé au hasard, à me constituer en quatre ans une rente mensuelle de 2 500 € nets, c'est-à-dire l'équivalent d'un salaire de jeune cadre.

• Les avantages de l'investissement dans l'ancien

Les appartements anciens sont situés en centre ville, ce qui augmente leur potentiel locatif.
Ils offrent souvent du potentiel et se valorisent facilement. En général les biens y sont moins chers que dans le neuf.

Les appartements d'immeubles anciens sont globalement plus appréciés par les acquéreurs potentiels et les locataires.

Assortis de travaux, les biens anciens permettent d'être gagnant d'un point de vue fiscal.

• L'impact de la décoration sur le loyer

L'un des avantages majeurs de la location meublée est le fait de pouvoir mettre en valeur le bien grâce à une décoration adaptée. Une fois bien décoré, un appartement meublé pourra se louer 25 à 30 % plus cher que s'il était vide, ce qui est vrai aussi bien dans les grandes villes que dans les villes moyennes, à Paris ou en province.

Cette différence de prix s'explique par le fait que le bien est loué meublé, donc bien entendu plus cher. Toutefois, la décoration, si elle est bien pensée et réussie, permet d'avoir un effet « coup de cœur » sur les personnes qui viennent visiter ainsi que sur les internautes qui consultent les annonces avec photos sur le net. Le nombre de locataires intéressés sera beaucoup plus important, votre bien beaucoup plus demandé et le loyer sera forcément plus élevé.

Le deuxième avantage de la décoration est qu'elle permet de toujours trouver un locataire et d'avoir un bon loyer même si d'autres éléments tel que la surface, la vue, le voisinage, la copropriété ne sont pas idéals. Que ce soit à Paris ou en province, les locataires sont moins regardants sur les éventuels défauts du bien lorsqu'ils ont un coup de cœur.

• Quelques trucs pour bien louer

Savoir bien louer ses appartements est important pour suivre mon plan d'investissement car en louant à un bon prix vous pourrez obtenir des loyers supérieurs à vos remboursements de crédit. Ces revenus peuvent ainsi être économisés puis ajoutés aux éventuelles plus-values dégagées lors de la vente d'un de vos appartements pour acheter votre prochain bien au comptant.

L'appartement doit être propre et en bon état. Portez une attention toute particulière au bon fonctionnement des équipements que vous mettez à la disposition du locataire (réfrigérateur, four, chauffage…) ainsi qu'à la propreté des lieux au moment des visites.

Savoir choisir son locataire est aussi très important. Sans faire de discriminations, il faut de préférence choisir des étudiants qui seront de toute façon les plus nombreux à louer des meublés. Vérifiez bien que les parents sont solvables et que leurs revenus sont suffisants pour couvrir le loyer. Préférez également les étudiants ne souhaitant rester que pour deux ou trois ans et évitez autant que possible des très longues durées de cinq ans et plus. Ainsi, vous risquez moins d'avoir des non-paiements de loyer ou des personnes qui restent éternellement, alors que le prix des locations monte.

Chapitre 5

DEUX ÉLÉMENTS CLÉS DE LA MÉTHODE

L'achat/revente immédiate

Ce sont principalement mes deux opérations d'achat/revente qui m'ont permis de devenir rentière en quelques années. Avec seulement deux opérations j'ai gagné l'équivalent du prix d'un studio en un an et demi. Il faut compter pour une opération d'achat/revente environ 7 mois : trois mois pour l'achat, un mois pour les travaux, et trois mois pour la vente.

J'ai décidé de faire un achat suivi d'une revente immédiate car c'était pour moi le seul moyen de m'enrichir rapidement tout en conservant ma capacité d'emprunt. Si j'avais simplement emprunté pour la troisième fois dans le but de faire un autre investissement locatif, je n'aurais plus eu par la suite de possibilité d'emprunter puisque j'arrivais avec cette troisième opération à la limite de ma capacité d'emprunt totale par rapport à mon salaire. Or, comme je savais que je n'allais pas avoir d'augmentation de salaire importante dans les années à venir, j'ai préféré ne pas me mettre dans une situation qui ne me permettrait plus de m'enrichir.

De plus, je considérais qu'utiliser la totalité de ma capacité d'emprunt, alors que toutes les mensualités de remboursement du prêt étaient couvertes par les loyers, pouvait être une situation risquée. En effet, si l'un de mes loyers ne m'était pas versé pour une raison ou une autre (le locataire ne paye plus, l'immeuble tombe en péril, je n'arrive pas à louer…) je ne pourrais pas rembourser mes dettes et dans ce cas je pourrais me retrouver dans une situation délicate par rapport à ma banque.

Un achat/revente me permettait d'obtenir rapidement du capital et de rembourser aussitôt le prêt à la banque, me redonnant ainsi la capacité d'emprunt pour pouvoir engager une autre opération.

Sur quoi repose la plus-value d'une opération d'achat/revente immédiate ?

Cette plus-value dépend de plusieurs facteurs.

Le prix

On peut trouver en cherchant bien et à plein temps sur le marché des biens plus ou moins similaires à des prix très variables. Deux biens de même catégorie, de même superficie et situés dans la même rue peuvent avoir un prix variant entre 10 et 20 %. En effet, certaines agences vendront le bien plus cher que d'autres en fonction du montant de leur commission par exemple. Ou encore en fonction de l'emplacement de l'agence. Si celle-ci se trouve dans un quartier commerçant et recherché où le prix au m^2 est élevé, elle n'hésitera pas à mettre en vente au prix fort, alors que d'autres agences situées dans des rues moins fréquentées proposeront le même appartement à un prix inférieur. Certains propriétaires, par méconnaissance du marché ou parce qu'ils sont pressés de vendre, proposeront un prix plus bas que le marché.

Aujourd'hui, dans les grandes villes, vous pouvez trouver des biens équivalents à des prix très différents au même moment. Si vous voulez taper dans les prix les plus hauts, choisissez des agences immobilières de grande notoriété, de luxe ou se trouvant dans de beaux quartiers, mais vous pouvez tomber parfois sur des biens équivalents en passant par des petites agences peu connues et se trouvant dans des quartiers moins prisés. De même que vous pouvez trouver des chaussures ou des vêtements à peu près similaires à des prix complètement différents, pour les biens immobiliers, la tendance est moins forte mais elle existe.

L'emplacement

Une rue située entre un quartier prisé et un quartier « ordinaire » permet de dégager potentiellement une plus-value intéressante : vous l'achetez en-dessous du prix du marché (il est près d'un quartier « ordinaire ») et vous le revendez au-dessus du prix du marché (il est près d'un quartier recherché et vous l'avez décoré habilement). Dans ce cas précis, les biens peuvent avoir une différence de prix de l'ordre de 10 %.

La promotion au moment de la vente

Un bien qui ne sera affiché que dans une petite agence au coin d'une rue cachée, sans photos ni texte alléchant n'aura pas le même impact que si vous mettez une annonce bien référencée sur Internet, avec des photos qui mettent en valeur le bien et donnent envie de venir le voir.

La rénovation

Elle apporte évidemment une valeur supplémentaire.
Présenter un bien sous son meilleur jour, propre, sans défauts, bien décoré et accueillant donnera plus de chances de le vendre plus cher qu'un bien mal rangé, sale, dont la décoration laisse à désirer, voire qui laissera penser qu'un budget travaux est à prévoir.

Certains investisseurs ou marchands de biens procèdent déjà de façon plus ou moins similaire. Ils achètent des biens en mauvais état et les revendent une fois qu'ils ont été rénovés. La différence entre eux et moi est qu'ils sont des professionnels et qu'en général, il s'agit de leur métier.

Mais mon expérience le prouve : en tant que particulier, cette façon de procéder est également possible dans la mesure où ces opérations d'achat vente ne deviennent pas une habitude. En effet, Il n'est pas possible pour un particulier d'effectuer plusieurs opérations de ce type de façon habituelle et répétitive sans risquer un reclassement par le fisc en « marchand de biens » (voir à ce propos le chapitre « Les précautions à prendre »).

Mais ce type d'investissements est au final plus intéressant pour un particulier puisqu'il payera moins d'impôts qu'un professionnel de l'immobilier.

De nombreuses revues ou journaux publient régulièrement des articles sur l'immobilier où il est expliqué comment s'y prendre pour investir au mieux, avec parfois des témoignages à la clé. Tout est toujours bien expliqué pour ce qui est de l'investissement immobilier le plus courant (acheter pour louer et se constituer un capital) mais il y est en général plutôt déconseillé d'acheter pour revendre, toujours en raison des impôts sur la plus-value.

Et, en effet, mis à part les professionnels, peu de gens aujourd'hui achètent et revendent rapidement leur bien pour réaliser une plus-value.

Les raisons en sont les suivantes.
Si vous revendez un bien qui n'est pas votre résidence principale et qui a été acheté il y a moins de cinq ans, vous êtes imposés sur l'intégralité de la plus-value que vous réalisez, à hauteur de 27 %. Ainsi, la plupart des gens considèrent que se constituer des revenus en faisant des opérations d'achat/revente relève de l'exploit. En tout cas, dans la plupart des cas, ils ne souhaitent pas prendre le risque de faire une opération d'achat-vente et de n'en tirer aucune plus-value net. Pourtant les marchands de biens y parviennent bien que leur charge fiscale plus lourde que celle des particuliers.

Pour la plupart des gens, il est difficile de s'imaginer qu'il existe sur le marché des biens suffisamment peu chers pour pouvoir les revendre immédiatement en réalisant une véritable plus value.

En fait, personne n'a réellement réfléchi aux bénéfices réels des opérations d'achat/revente réalisées avec méthode, car cela ne s'inscrit pas dans la logique des choses. Et tout le monde pense que « si ça marchait réellement tout le monde le ferait… »

Mon plan d'investissement prouve néanmoins que cela est possible. Certes, cela demande du temps et une certaine disponibilité, pas toujours facile à trouver pour les personnes ayant déjà un emploi à temps plein, mais c'est possible.

• Acheter pour revendre immédiatement : est-ce risqué ?

Pour ma part, je considère que cette opération est peu risquée par rapport à ce qu'elle peut rapporter. Le plus gros risque est lié à un éventuel ralentissement du marché immobilier. Toutefois, même si un ralentissement des prix de l'immobilier se produit, la possibilité de réaliser des plus-values reste intacte car la revente est immédiate. À moins d'une très violente et rapide chute des prix, vous serez toujours « dans le marché ».

Les impôts, qui ne sont à verser que si vous dégagez une plus-value, ne constituent pas un risque supplémentaire puisqu'ils ne représentent qu'une fraction de la plus-value réalisée.

Vous ne serez pas confrontés à des problèmes de copropriété, voisinage, travaux, impayés ou autres puisque vous revendez le bien immédiatement (et les éventuels problèmes futurs avec).

Les plus-values dégagées ne reposent pas sur les fluctuations du marché immobilier, mais sur la valeur ajoutée que vous apporterez au bien.

Il faut exclure de votre sélection, les biens :

- insalubres,
- occupés, squattés ou loués,
- ne permettant pas de dégager une plus-value suffisante (je conseille de cibler des biens qui affichent un prix d'au moins 15 % en dessous du prix du marché pour que l'opération soit réussie).

Identifiez bien les paramètres à prendre en compte pour une rentabilité maximale : quartier, étage, état de la copropriété…

Les précautions à prendre

Bien sûr, j'aurais pu recommencer et faire d'autres opérations d'achat – revente pour continuer à m'enrichir. Mais attention, je vous mets en garde sur ce point important : lorsque vous effectuez plusieurs opérations d'achat – revente immédiate de façon régulière vous pouvez être considéré par le fisc comme un commerçant et à ce titre être imposé comme une société et assujetti à la TVA sur le prix de vente du bien.
Par la suite, si vous souhaitez réellement continuer à faire des opérations d'achat – revente, cela reste possible dans la mesure où vous vous déclarez comme étant Marchand de biens, mais les conditions sont alors bien moins avantageuses.
Attention donc à ne pas rentrer dans un schéma répétitif pour ce type d'opérations. Selon l'administration, on peut parler de répétition lorsque l'on fait une opération par an de façon régulière par exemple, donc si vous en faites uniquement deux de suite, comme moi, le fisc ne

va pas considérer cela comme une répétition. Il vous faudra en revanche attendre un an ou deux, ou revendre un bien que vous avez acheté déjà depuis quelques années, avant de recommencer.
La valeur des biens revendus rentre aussi en compte. Si par exemple vous achetez un immeuble à rénover et que vous le revendez après travaux, cette opération sera évidemment considérée comme une opération de Marchand de Biens alors que vous n'aurez en définitive effectué qu'une seule opération. Ainsi, une « grosse » opération sera requalifiée d'office alors que deux petites passeront inaperçues.

• Un point sur la fiscalité et sur le statut de « marchand de biens »

Je l'ai dit, on ne peut pas répéter les opérations d'achat/revente à volonté et indéfiniment au risque d'être considéré comme marchand de biens. Je n'ai moi-même effectué cette opération que deux fois, justement pour ne pas entrer dans la catégorie des marchands de biens. Car un des avantages majeurs en tant que particulier est de ne payer à l'État que 27 % de la plus-value réalisée, ce qui est un pourcentage relativement bas lorsqu'on le compare avec ce quc doit payer un marchand de biens.

Selon la législation, le particulier peut user du bien immobilier qu'il vient d'acheter à sa guise, de la même manière qu'il pourra faire ce qu'il veut d'un objet qui lui appartient et qu'il vient d'acheter. Un particulier qui vient d'acquérir un logement peut donc soit y habiter, soit le louer, le garder comme résidence principale ou le revendre. En revanche, il n'est pas censé, comme pour tout autre bien d'ailleurs, en faire un commerce. Et effectivement, si l'on achète et que l'on revend de façon systématique et répétitive plusieurs appartements, cela devient du commerce.

Pour l'administration, est considérée comme marchand de biens, toute personne faisant du commerce avec des biens immobiliers, en achetant et en revendant dans un court laps de temps un bien et en effectuant cette opération de façon régulière et habituelle. Bien sûr, vous l'avez compris, il y a un petit vide juridique, puisqu'on ne peut pas définir de façon juste et précise le côté « habituel et répétitif ». Ce n'est pas parce que j'ai mangé deux fois une pomme, que l'on peut dire que je mange des pommes de façon habituelle et répétitive.

Est souligné également dans la législation le côté « conscient et volontaire » de la chose. En effet, un particulier n'est pas censé effectuer de façon délibérée un achat/revente uniquement dans le but d'en retirer une plus-value. Mais là aussi, le particulier a le droit de se tromper, de changer d'avis, il peut avoir des soucis financiers inattendus qui l'obligent à revendre rapidement. Le fait de revendre après l'achat peut venir de multiples raisons personnelles. Il faut simplement éviter autant que possible de répéter une opération d'achat-vente dans l'année, ou à la suite (l'une après l'autre) ou d'en faire deux en même temps. Il n'est pas non plus conseillé d'en faire une chaque année sur plusieurs années, car on rentre là de façon claire dans la définition même du terme « habituel ».

Comme je l'ai dit plus haut, l'avantage d'effectuer un achat-vente en tant que particulier est le montant des impôts à payer à l'État, qui est relativement intéressant par rapport au statut de marchand de biens. De plus, en tant que particulier, cela reste une opération peu contraignante et plus sécurisée. En tant que marchand de biens, vos plus-values sont soumises à l'impôt sur le revenu qui peut atteindre rapidement les 40 %. À cela il faut ajouter pour le marchand de biens, la TVA qui est de 19,6 % du montant de la plus-value. Ainsi, même si les frais de notaires sont très bas pour un professionnel, il sera très vite imposé au-delà de 50 % de la plus-value réalisée : le retour sur investissement n'est plus le même !

À cela il faut rajouter les frais d'assurance, de création de société et de comptabilité.

Il faut également souligner que le marchand de biens est tenu comme responsable « des vices cachés ». Il est donc beaucoup plus exposé qu'un particulier à d'éventuels procès d'acheteurs mécontents de découvrir après l'achat de leur logement, un chauffe-eau qui ne fonctionne pas, des toilettes bouchées ou une électricité défaillante.

À l'inverse, un particulier qui vend un bien n'est pas tenu comme responsable des vices cachés.

Tous ces inconvénients ne m'ont pas incité ni donné envie, pour l'instant, de me lancer dans le métier, bien que je sois persuadée que mon savoir-faire (acheter au plus bas prix, évaluer les risques, rénover et rajouter du cachet au moindre coût) reste tout aussi efficace dans un contexte professionnel.

Toutefois, l'important est de savoir qu'en faisant uniquement deux ou trois opérations d'achat – revente immédiate, cela peut suffire pour générer un capital, le réinvestir et devenir ainsi indépendant financièrement.

Beaucoup de gens ont du mal à imaginer que l'on puisse gagner sa vie en dehors du chemin classique, car ils pensent toujours (et souvent à tort !) qu'ils n'en sont pas capables. Ils se disent : « s'il y avait un moyen de devenir riche rapidement ça se saurait et tout le monde y aurait déjà pensé avant moi ! ». C'est d'ailleurs ce que l'on m'a dit lorsque j'ai parlé de mon projet à quelques personnes avant de me lancer, mais je n'ai voulu en faire qu'à ma tête et finalement je ne le regrette pas !

• La part de risque : inévitable

Bien sûr ce serait un mensonge de vous dire que je n'ai pris aucun risque en me lançant dans ces opérations immobilières. Mais, personnellement, je pense que lorsque l'on décide d'investir pour gagner de l'argent, on prend toujours une part de risque. Si l'on n'est pas prêt à assumer le fait que l'on peut perdre de l'argent, il vaut mieux ne pas se lancer dans l'immobilier. L'important est de bien mesurer cette part de risque et de ne rien laisser au hasard. Chaque étape doit être analysée de près et une vous devez chercher la rentabilité maximale à chacune des étapes.

Voici quels sont les éléments clés pour réussir :

- un bon timing : surtout pas de temps à perdre, cette opération doit se faire rapidement. La formule « le temps c'est de l'argent » n'a jamais été aussi appropriée que dans ce contexte ;
- être très réactif au moment de l'achat : les bonnes affaires ne restent que quelques heures sur le marché ;
- faire des économies à chaque étape de l'opération pour une plus-value maximale ;
- penser toujours « rentabilité » ;
- utiliser des astuces décoratives pour créer un produit « coup de cœur » ;
- savoir vendre au meilleur prix ;
- être mobilisé à 100 % sur le dossier pour une efficacité maximale : chaque étape doit se faire rapidement et de façon efficace.

La diversification des investissements

Mes parents habitent près d'Aix-en-Provence depuis une quinzaine d'années. Dès que je peux, je vais y passer quelques jours pour me reposer ou pour les vacances. Comme je ne voulais pas investir uniquement à Paris et que je trouvais le marché immobilier en province tout aussi dynamique, j'ai décidé de profiter de mon temps libre pour analyser un peu le marché dans le sud.

• Les bonnes affaires : pas uniquement à Paris !

Je me suis rendue compte très vite que Paris n'était pas forcément la seule ville intéressante en termes d'investissement immobilier. Loin de là ! Si je prends l'exemple de la région d'Aix-Marseille, les avantages d'y investir sont nombreux.

Peut-on encore trouver des affaires aujourd'hui ?

Q. : *« Je vous avoue que la méthode que vous décrivez est attrayante et que je vais étudier et même essayer de reproduire ce schéma. Cependant, je reste sceptique par rapport à la stagnation actuelle du marché de l'immobilier. Pensez-vous toujours possible de trouver des bonnes affaires même sans apport personnel ? »*

Le conseil d'Elise Franck

Je ne sais pas où vous habitez, mais si vous comptez investir dans une grande ville, vous n'avez pas trop de soucis à vous faire. La demande de logements dans le centre des grandes villes est plus importante que l'offre, ce qui fait que les prix, s'ils n'augmentent

pas en ce moment, restent élevés, surtout si vous investissez dans des quartiers « en devenir » ou dans des quartiers très prisés.
L'important c'est de bien choisir et de ne pas acheter n'importe quoi sous prétexte que le prix est attrayant : je donne quelques tuyaux à ce propos au début du livre.
Les bonnes affaires sont rares mais quel que soit le niveau du marché elles existent toujours ! Il suffit de les repérer et surtout d'être suffisamment réactif car elles ne restent pas longtemps sur le marché !
Pour trouver une affaire il faut :
– une veille permanente du marché immobilier (presse, agences, internet, concierges, marchands de biens, notaires…) ;
– de la réactivité : il faut être le premier si possible ou parmi les premiers à voir et visiter le bien et à faire une proposition, sinon l'affaire risque de vous passer sous le nez ;
– suivre les biens en vente qui au départ ont parfois un prix élevé, mais qui au bout de quelques semaines voire de quelques mois, voient leur prix descendre peu à peu ; il faut parfois être patient et arriver au bon moment, lorsque le vendeur se rend compte par lui-même qu'il n'y a pas foule pour acheter son bien et qu'il a intérêt à accepter de négocier s'il veut vendre ;
– de l'expérience : pour négocier efficacement il vaut mieux connaître un peu le milieu immobilier et ses rouages (quelle marge, avoir les bonnes réactions, les bonnes répliques, détecter les tactiques des agences ou des particuliers vendeurs, connaître le marché immobilier du moment, les prix…). Vous trouverez tout cela dans le livre ;
– savoir juger rapidement si l'achat du bien vaut le coup ou pas, et savoir se décider en conséquence, tout en mesurant les risques éventuels ;
– savoir mettre de côté « l'affectif » et penser « rentabilité » (je n'y habiterai jamais moi-même, ce qui importe c'est que ça rapporte) ;

- oser « se lancer » car si on ne lâche jamais prise et que l'on cherche l'appartement « idéal » à très bas prix, on risque de laisser dormir son argent et sa capacité d'emprunt... et au bout de plusieurs années, on n'aura toujours rien fait ;
- être positif et y croire, avoir confiance et ne pas se focaliser sur les côtés négatifs. Le bien parfait n'existe pas, surtout dans les produits d'investissements qui sont justement des affaires parce qu'on a vu avant les autres qu'on pouvait en « tirer » quelque chose. D'ailleurs, pourquoi les investisseurs font-ils toujours des bonnes affaires ? Parce qu'ils ont « l'œil », un œil qui va repérer tout de suite ce qu'il est possible de faire d'un appartement « pourri ». Alors que le particulier lambda, lui n'achètera pas car il n'arrive pas à se projeter dans l'appartement. L'un pense « rentabilité », l'autre pense « je veux le meilleur pour mon argent » ;
- connaître suffisamment les prix du marché immobilier pour faire une estimation de la rentabilité qu'il est possible de dégager et aussi acheter « au bon prix » (en effet, certaines personnes ont tendance à tout miser sur le prix d'achat), pourtant je pense personnellement que même si le prix d'achat reste essentiel, d'autres éléments tels que la valorisation du bien, le coût des travaux, l'aménagement intérieur, le choix des équipements ainsi que le prix de location et le prix de vente sont également des éléments sur lesquels on peut « jouer » pour augmenter la rentabilité. Ainsi, à force de vouloir tout miser sur le prix d'achat, on finit par ne rien acheter. En revanche, en misant également sur d'autres points essentiels, on achète et on rentabilise... en tout cas on embraye et on démarre !

Il est toujours mieux, selon moi, d'avoir un apport personnel lorsque l'on veut investir, tout d'abord car cela évite d'avoir des mensualités trop élevées (le but est de couvrir votre emprunt avec votre loyer) et, comme les meilleures affaires sont souvent en mauvais état, cela permet de financer le coût des frais de travaux.

Je conseille en général un apport suffisant pour payer les travaux et les frais de notaire, bien qu'il soit possible maintenant de tout faire financer par la banque.

Il y a tout d'abord un élément très important : le soleil. On est presque sûr, à n'importe quelle époque de l'année, que le soleil sera au rendez-vous en y allant. Il y a les cigales, la lavande, les oliviers, la gastronomie et toutes ces choses délicieuses typiques du sud de la France, qui font qu'on a envie d'y aller… et d'y rester ! Les Anglais surtout, mais aussi les Italiens, les Américains ou les Allemands rêvent d'une maison en bord de mer ou avec piscine dans le sud de la France, et les appartements ne sont pas en reste. Tout est bon à prendre pourvu qu'on puisse avoir « sa place au soleil ».
J'ai donc entrepris, après avoir étudié les prix de la région de près, quelques recherches d'appartements à Marseille et dans la région. Les recherches n'étaient pas faciles et souvent infructueuses, d'autant plus que je ne résidais pas sur place, puis après réflexion, je me suis décidée à rechercher plutôt un local commercial. Cela me permettrait de connaître mieux ce type d'investissement, et de diversifier mes placements.

Je suis tombée sur une annonce intéressante : un local commercial à vendre dans une rue passante d'Aix-en-Provence, bien situé dans un quartier prisé. Cette ancienne boutique d'antiquaire de 50 m^2 était en vente à 160 000 €. Comme je ne souhaitais pas mettre « tous mes œufs dans le même panier » je me suis dis que si je réussissais à négocier le prix à 150 000 €, j'achèterais sans hésiter avec un emprunt bancaire sur le prix total du bien.

J'ai pu négocier le prix comme je voulais, et j'ai donc acheté ce local commercial, que j'ai ensuite loué à 1 300 € par mois. J'ai pu trouver un locataire assez facilement en mettant une annonce sur la façade du local. J'ai été contacté par plusieurs commerçants intéressés, et j'ai sélectionné celui qui me paraissait être le plus rentable. Une très bonne affaire donc, qui me permet de faire une économie d'argent tous les mois de 327 €.

• Investir dans un fonds de commerce

Les avantages d'acheter les murs d'une boutique sont nombreux

Le prix à l'achat

Il y a moins de personnes sur le marché qui cherchent une boutique que de personnes qui cherchent un bien d'habitation. Ainsi, il sera plus facile en général de négocier le prix.

Les travaux

Si le fonds de commerce que vous achetez n'est pas en très bon état, les travaux de rénovation sont le plus souvent à la charge de la société qui va louer les locaux.

Le risque de mauvais payeur

Avec un fonds de commerce, vous aurez moins de risques qu'avec un appartement de ne pas être payé par votre locataire. L'emplacement contribue à créer la valeur du fonds de commerce et le locataire aura intérêt à payer pour ne pas risquer de perdre son droit de bail. En effet, il est plus facile de dénoncer un bail commercial qu'un bail d'habitation.

L'entretien

Contrairement à l'investissement locatif d'habitation, le fonds de commerce ne nécessite pas d'interventions de votre part en cas de problèmes liés à l'installation de votre locataire.
En effet, un locataire d'appartement risque de vous solliciter de temps en temps lorsqu'il rencontrera des problèmes tel que : panne d'un appareil ménager, électrique, ou autre… Avec un fonds de commerce vous ne serez jamais dérangé par ce genre de problèmes.

La dégradation du local

Contrairement à la location d'habitation, vous n'aurez pas de frais d'entretien des lieux une fois que le locataire part, puisque ce sera le prochain locataire qui prendra en charge les travaux de rénovation.

La caution

Normalement la caution varie entre 6 et 12 mois de loyer. Si vous placez cet argent sur un compte épargne, cela vous rapportera un petit plus tous les ans !

Investir dans une boutique ou un fonds de commerce est donc souvent un excellent investissement à condition bien sûr de savoir choisir le bon quartier et le bon emplacement, car sinon vous aurez du mal à trouver un locataire ou à revendre si vous l'envisagez un jour.

À l'inverse, un fonds de commerce bien situé dans un quartier prisé et fréquenté sera toujours très demandé à la location comme à l'achat, et cela est valable dans toutes les grandes villes ou dans certaines villes prisées comme Aix-en-Provence.

Cette boutique, que je loue aujourd'hui à 1 300 € par mois, me rapporte tous les mois 327 € en plus de couvrir intégralement mes mensualités bancaires, et cela sans soucis d'entretien ni de mauvaises surprises pour le paiement des loyers.

• Acheter des parkings

Dans mon programme d'investissements, il m'a paru important à un certain moment de conserver une partie de mes revenus pour un investissement plus lourd que je pourrais réaliser dans quelques temps. Mais, et sans le chercher vraiment, je suis tombé sur une affaire intéressante. En effet, en me promenant dans mon quartier, j'ai remarqué une annonce sur la façade d'un immeuble : « vente de parking en sous-sol, pour plus de renseignements appeler le… ». Lorsque j'appelai, je fus agréablement surprise de constater que le prix était moins élevé que ce que je pensais… ce qui vérifie une fois de plus que vous avez toujours intérêt à demander et à poser des questions.

Les parkings sont très demandés, surtout dans les grandes villes. J'ai donc acheté deux emplacements au prix de 27 000 €. Je les ai ensuite loués à 150 € par mois chacun à des amis qui cherchaient déjà depuis quelques temps un emplacement pour garer leur voiture.

Cette opération tombait bien, et elle m'a permis de mettre de côté une partie de mes revenus et de pouvoir aussi profiter de cette opportunité.

Comme chaque emplacement est loué à 150 € et que mes mensualités pour ces deux parkings sont de 150 €, cette opération me rapporte tous les mois 150 €. Encore une fois une opération gagnante puisque ces loyers couvrent et dépassent mes mensualités. C'est une petite opération, certes, mais une opération gagnante.

Cet investissement prouve bien que l'on n'a pas besoin d'être déjà riche pour faire des « coups gagnants ». Ce genre d'investissement est d'ailleurs idéal pour commencer à investir dans l'immobilier surtout pour les personnes ne disposant pas d'un gros capital ou d'une capacité d'emprunt importante. On peut, même en achetant pas cher faire de bonnes opérations. Il vaut mieux multiplier les petites opérations gagnantes même si elles ne rapportent pas d'un seul coup énormément, que de faire une opération conséquente qui ne rapporte pas ou très peu. La banque aussi après quelques opérations réussies commencera à vous « voir d'un autre œil » et vous concédera des prêts plus importants.

Pour ce qui est des impôts, le système est le même que pour l'investissement locatif d'habitation. Les parkings sont soumis au régime des impôts fonciers.

L'entretien

Un peu comme le fonds de commerce, le parking ne demande aucun entretien. Donc pas de frais supplémentaires.

Le prix

Lorsque l'on dispose d'un budget limité ou que l'on n'a qu'une faible capacité d'emprunt – la mienne en l'occurrence ne dépassait pas 30 000 € – l'achat de parking est une solution intéressante d'investissement.

Pas de frais d'annonce

En général, vous pouvez vous épargner les frais d'annonce, car il suffit souvent de mettre un mot à l'entrée de l'immeuble ou d'en parler autour de vous.

Une demande forte

Étant donné que les places de parking sont de plus en plus rares, surtout dans les grandes villes, il y a fort à parier que la valeur d'un parking acheté aujourd'hui va fortement augmenter dans les années à venir.

Pas de mauvais payeurs

L'avantage du garage est que l'on peut facilement expulser ou interdire l'accès des lieux à un éventuel mauvais payeur. Il suffit souvent de prévenir le gardien ou de désactiver le pass d'accès au garage. Lorsque l'on investit dans l'immobilier d'habitation, les lois sont claires et précises et toujours en faveur des locataires, alors que pour les parkings, ces contraintes législatives n'existent pas.

• Habitation, commerce, parking : que choisir ?

Comme vous venez de le voir dans les paragraphes précédents, l'immobilier d'habitation n'est pas la seule solution lorsque l'on souhaite investir. Plusieurs possibilités existent, et c'est à vous de choisir quelle solution vous paraît la plus intéressante, celle qui vous « attire » le plus ou qui est la mieux adaptée à votre budget.

Je dirais pour ma part, qu'il n'y a pas un investissement meilleur qu'un autre. Chacun à ses spécificités, ses inconvénients et ses avantages. Bien sûr la location de parking et de commerce à l'air moins contraignante que l'habitation, et elle semble plus sûre. Mais je ne saurais trop vous conseiller de ne pas « mettre toutes vos billes dans le même sac », car même si on peut faire des prévisions à plus ou moins loin terme sur l'évolution du marché immobilier, on ne pas non plus tout prévoir. Il y aura toujours des éléments qu'on ne peut pas maîtriser. On ne peut pas dire aujourd'hui que le marché des parkings va exploser ou que celui de l'habitation va stagner dans quelques temps. Donc mieux vaut être prévoyant et diversifier ses investissements.

Acheter un studio ou un parking ? À deux ou seul ?

Q. : *« J'ai 24 ans, je suis assistante de direction (en intérim – j'attends un CDI pour bientôt).*
Je vis en concubinage avec mon ami et nous sommes hébergés à titre gratuit par ses parents dans un studio à Paris. Cette situation nous permet de faire des économies, et nous avons ensemble une épargne d'environ 15 000 euros
L'achat éventuel d'une résidence principale pour y vivre ne me convient pas car nous recherchons avant tout l'indépendance financière.
- *Quel bien nous conseillez-vous d'acquérir en 1er en fonction de notre capacité d'emprunt ? Un studio ou un parking ?*
- *Faut-il que nous fassions l'achat ensemble (un bien à nous deux) ou séparément (un bien chacun) ?*

Nous envisageons également de prendre un crédit pour acheter une voiture. Cela nous empêchera t-il de contracter un prêt immobilier ? »

Le conseil d'Elise Franck
Tout dépend de votre capacité d'emprunt. Si vous pouvez emprunter à vous deux dans les 80 000 à 100 000 €, je vous conseille d'acheter directement un bien immobilier que vous pourrez louer, puis que vous essayerez de revendre une fois qu'il aura pris de la valeur. Une fois cet appartement mis en location, vous pouvez également demander à votre banque si elle accepte de vous faire un deuxième

prêt, en sachant que le loyer du premier appartement doit couvrir votre emprunt précédent.
Les parkings peuvent être intéressants, encore faut-il pouvoir les acheter peu cher et surtout en trouver dans les grandes villes. Sinon leur rentabilité sera moins importante que celle d'un appartement bien décoré et loué en meublé. Cela demande un peu plus d'investissement, mais si vous en avez les moyens autant choisir l'habitation.
Si votre capacité d'emprunt vous le permet, je vous conseille d'acheter chacun de votre côté. Avec vos économies et comme vous êtes tous les deux en CDI, vous pouvez acheter chacun de votre côté un studio ou un petit deux pièces (cela évite les disputes, les complications, donne de la flexibilité, réduit les risques et, en cas de séparation, c'est plus simple à gérer...). Mais si votre capacité d'emprunt n'est pas suffisante, mieux vaut acheter à deux que de ne pas investir du tout.

Quant à votre projet de crédit-voiture, quel dommage ! Vous aviez tout juste jusqu'à présent, mais acheter une voiture à crédit n'est pas dans la logique de votre plan d'investissement, car on ne peut pas tout avoir, et sûrement pas tout avoir en même temps. Avant de vous accorder un prêt immobilier, votre banquier regarde scrupuleusement vos relevés de compte (normal, il ne veut pas prendre de risques). Donc tout est pris en compte : votre loyer (tant mieux vous n'en avez pas), vos dépenses (si vous êtes toujours à découvert, il n'aura pas confiance), vos emprunts en cours (qui viendront se soustraire à votre capacité d'emprunt). Donc à vous de voir : cette voiture est-elle essentielle pour vous, pour votre travail ou pouvez-vous vous déplacer autrement ? Ce serait dommage d'après moi d'avoir économisé près de 15 000 €uros pour ensuite vous créer une dette d'un montant équivalent... mais c'est un avis personnel et, surtout, tout dépendra de votre capacité d'emprunt.

Je peux néanmoins vous guider avec quelques conseils.

Dans quel cas investir dans un commerce ?

– si vous tombez sur une bonne affaire, n'hésitez pas car elles sont rares ;
– si vous avez un budget suffisant, car dans les quartiers prisés, les mètres carrés sont chers ;
– si vous êtes nul en architecture et décoration ou que vous n'aimez pas ça ;
– si vous voulez être tranquille et éviter les contraintes d'un système législatif trop lourd ;
– si vous souhaiter acheter dans une grande ville.

Dans quel cas investir dans de l'habitation ?

– si vous tombez sur une bonne affaire car elles sont de plus en plus rares aujourd'hui ;
– si vous êtes bricoleur ou que vous avez le temps et l'envie de retaper un appartement ;
– si vous aimez l'architecture et la décoration et que vous savez l'adapter aux plus grand nombre ;
– si vous connaissez des entreprises en bâtiment fiables et efficaces ;
– si vous souhaitez obtenir un rendement maximal.

Dans quel cas investir dans un parking ?

– si votre budget ou votre capacité d'emprunt ne vous permet pas d'acquérir un bien immobilier d'habitation ou un commerce ;
– si vous êtes nul en décoration et en aménagement d'espaces et si vous ne voulez pas vous lancer dans des travaux ;
– si vous voulez être tranquille et éviter les contraintes d'un système législatif trop lourd ;
– si vous investissez dans une grande ville.

• Pourquoi j'ai choisi de privilégier l'habitation ?

Dans mon cas, l'immobilier d'habitation est l'investissement qui marche le mieux en raison du savoir-faire que j'apporte à chaque étape des opérations.

Achat d'un terrain : une question

Q. : *« Merci pour votre livre qui m'a donné envie de me lancer dans cette aventure et merci pour votre site. Je viens de découvrir dans la vitrine d'une agence immobilière de Mulhouse une offre de vente d'un grand terrain, non constructible, à un prix extrêmement bas. L'agent me dit qu'il y a une maison à l'état de ruine sur le terrain, ce qui peut laisser espérer une possibilité de construire un jour. Que faire ? Une zone non constructible peut-elle le devenir un jour ? »*

Le conseil d'Elise Franck

Ce genre d'affaires peut être beaucoup moins intéressant qu'on ne le croit. La première chose à faire est de se renseigner auprès de la Mairie. Bien évidemment, ce terrain peut devenir constructible, cela dépend d'elle. Il faut également voir si la ruine peut être rénovée et se renseigner au cadastre. Si le prix du terrain est très bas, on peut imaginer que le vendeur s'est déjà renseigné et il y a fort à parier qu'il n'y a pas de possibilité à court ou moyen terme qu'il devienne constructible, sinon il le vendrait plus cher ou le garderait pour lui. Néanmoins, on se retrouve parfois face à des propriétaires qui sont dans l'obligation de vendre rapidement ou qui n'ont aucunc notion des prix pratiqués, mais cela reste quand même assez rare, surtout si le bien mis en vente l'est par l'intermédiaire d'une agence.

Lorsque l'on veut faire des affaires, il y a toujours une part de risque car vous n'aurez jamais tous les éléments en main. Tout dépend de la part de risque que vous êtes prêt à prendre par rapport à vos moyens financiers. Si l'achat que vous envisagez ne représente qu'une petite part de vos moyens, alors cela vaut le coup de prendre plus de risques, si, en revanche, il mobilise l'ensemble de vos économies et de votre capacité d'emprunt… soyez prudent.

Même si j'ai diversifié mes placements immobiliers, je privilégie quand même l'habitation car c'est ce qui, dans mon cas, rapporte le plus. Je précise bien « dans mon cas », car c'est bien sûr le réaménagement des espaces, la décoration intérieure, mes relations privilégiées avec un certain nombre d'agences, de notaires ou autres professionnels de l'immobilier ainsi que mes équipes d'entrepreneurs en bâtiment qui me permettent de dégager une plus-value importante ou des loyers élevés.

Ces éléments ont bien sûr moins d'impact lorsque j'investis dans un commerce ou dans un parking. C'est la combinaison de la forte valeur ajoutée que j'apporte aux appartements ainsi que les « affaires » que je trouve qui m'ont permis de devenir rentière en quatre ans. Je n'aurais pas pu avoir les mêmes rendements en achetant et revendant des parkings ou des fonds de commerce.

Pour ce qui est des parkings et des fonds de commerce, la seule différence de prix que l'on peut constater entre l'achat d'une « bonne affaire » et sa revente ne suffit pas à obtenir une plus-value assez importante, car l'impôt de 27 % est toujours redevable sur n'importe quel bien immobilier lorsqu'on revend dans les cinq années qui suivent l'achat.

Dans le domaine de l'immobilier d'habitation, en revanche, plusieurs éléments ont contribué au succès de mes opérations : trouver les bonnes affaires, avoir une connaissance du marché immobilier, limiter tous les coûts, avoir des partenaires fiables et efficaces, savoir apporter du cachet à un appartement dont personne ne voulait savoir le vendre au bon prix.

Je préfère donc me concentrer sur ce que je sais faire de mieux : l'immobilier d'habitation.

Pourquoi investir dans l'immobilier ?

Q. : *« Je n'ai jamais fait d'investissements immobiliers jusqu'à présent car j'ai toujours eu peur d'emprunter. Ai-je intérêt selon vous à le faire aujourd'hui et pourquoi ? »*

Le conseil d'Elise Franck
Les articles, les discussions, les commentaires et les avis sur les fluctuations du marché immobilier ont toujours été nombreux, mais la pierre reste plus que jamais une valeur sûre. De plus en plus de particuliers prennent conscience que leur vie peut être nettement améliorée grâce à l'investissement immobilier.

• Un investissement à la portée de tout salarié
Alors qu'il y a quelques années, investir dans l'immobilier était réservé aux seuls professionnels, aujourd'hui beaucoup de particuliers se rendent compte que l'investissement immobilier est à leur portée, permet de s'enrichir et de se constituer un patrimoine, sans forcément partir d'un capital de départ.

• Luxe ou nécessité ?

Face au chômage, à la difficulté de trouver un emploi, aux risques de licenciement, et pour palier aux aléas de la vie, les jeunes sont de plus en plus nombreux à considérer l'investissement immobilier comme une priorité dans leur projet de vie. Alors qu'il y a seulement quelques années, les particuliers commençaient à penser à leur retraite vers l'âge de 40/50 ans, les jeunes d'aujourd'hui sont de plus en plus nombreux à prendre conscience de l'opportunité unique que peut leur apporter l'investissement immobilier dans leur vie future. Ils ne veulent plus se contenter de leur salaire (de plus en plus aléatoire) et préfèrent utiliser au plus tôt leur capacité d'emprunt, non seulement pour assurer leur retraite mais aussi pour dégager des revenus complémentaires en cas de coup dur, ou pour disposer de rentrées d'argent supplémentaires pour mieux profiter de la vie, se sentir plus sereins et moins stressés au travail.

• Les prix de l'immobilier sont au plus haut

Alors c'est le moment d'investir ! Vous n'avez pas les moyens ni la capacité d'emprunt suffisante pour vous acheter votre trois pièces en centre ville ? Vous ne souhaitez pas forcément habiter en banlieue où les prix sont plus bas ou vous éloigner de votre lieu de travail mais vous souhaitez profiter de votre capacité d'emprunt ?
Si vous restez en location (vous paierez moins de mensualité, surtout si vous êtes locataire du même bien depuis longtemps) et si vous achetez des petites surfaces que vous mettez en location et qui seront financées par votre locataire, vous vous constituez un patrimoine qui prendra de la valeur.

• J'augmente ma capacité d'emprunt :

L'un des avantages majeur de l'investissement immobilier est qu'il permet d'augmenter sa capacité d'emprunt et de s'enrichir. La banque vous concédera un prêt en se fondant sur l'ensemble de vos revenus et en tenant compte de 70 % des revenus locatifs. Ainsi, en couvrant vos dettes par vos loyers, vous augmentez votre capacité d'emprunt au lieu de la réduire. De plus, si vous remboursez une partie de vos emprunts (en vendant l'un de vos biens pour toucher une plus-value par exemple), vous augmentez vos revenus nets ainsi que votre capacité d'emprunt. C'est ainsi que vous pourrez vous constituer peu à peu un patrimoine conséquent.

• Une retraite assurée

Préparer sa retraite devient de plus en plus évident et nécessaire pour chacun d'entre nous qui souhaitons conserver ou améliorer notre niveau de vie au moment où on en a le plus besoin et où l'on a le temps de profiter de la vie. Des facteurs comme le vieillissement de la population, la baisse du taux de natalité, l'allongement de la durée des études, réduisent la proportion d'actifs cotisants par rapport au nombre de retraités. Ceci aura pour conséquence une importante diminution des retraites. En investissant, vous devenez propriétaire d'un ou de plusieurs biens qui vous apporteront des revenus supplémentaires et qui vous permettront de bien vivre votre retraite.

• Mes biens sont financés par mes locataires

L'avantage majeur de l'investissement immobilier est que l'effet de levier permet, grâce au prêt bancaire et à la location des biens, un autofinancement de votre patrimoine. Cela vous permet donc de vous enrichir considérablement de plusieurs milliers d'euros, une fois tous vos crédits bancaires remboursés.

Lorsque l'on investit dans l'immobilier, en général ce n'est pas pour un an ou deux, mais pour des périodes allant de 10 à 40 ans. Durant cette période, le marché immobilier connaîtra sans doute des phases de hausse et de baisse. Faut-il pour cette raison se résigner et se priver de ses nombreux avantages ?

Certaines personnes disent : « ce n'est pas le moment », « les prix baissent »… Je suis pourtant persuadée qu'il vaut mieux ne rien gagner durant une période de sa vie, voire même payer tous les mois quelques centaines d'euros, si c'est pour ensuite avoir la chance d'être propriétaire d'un ou de plusieurs biens qui vaudront à un moment ou à un autre quelques milliers ou millions d'euros…

• Je m'adapte aux fluctuations du marché

Alors que les prix sont au plus haut, les particuliers sont frileux et hésitent à acheter leur résidence principale. En effet, souscrire un emprunt sur 25 ans en supportant des dettes mensuelles élevées et avec le risque de devoir un jour vendre à perte en raison d'un déménagement ou d'un imprévu, cela peut faire hésiter. En revanche, les achats pour investissements, eux, continuent d'augmenter, car ils permettent quelle que soit la situation du marché immobilier de s'enrichir à moyen ou long terme. Les prix vont baisser ? Tant mieux : c'est le moment d'acheter et de garder mes appartements en location. Les prix montent : je peux vendre un ou plusieurs appartements au prix fort et empocher une plus-value. Les prix baissent et je viens d'acheter ? Je garde en location et je loue au prix fort pour me constituer un patrimoine grâce aux revenus locatifs. En investissant dans l'immobilier on peut toujours jongler avec la conjoncture et trouver des solutions adaptées qui finalement nous permettent d'en sortir gagnant. C'est en achetant sa résidence principale que l'on est le plus touché par les fluctuations du marché.

• Je revends au bon moment

Revendre au bon moment un bien que l'on a acheté permet d'augmenter vos revenus. Si vous avez plusieurs biens, en fonction de vos besoins personnels ou des fluctuations des prix de l'immobilier, vous pouvez à tout moment revendre l'un d'entre eux et augmenter ainsi de façon conséquente vos revenus, en remboursant par exemple une partie de vos emprunts.

• Je joue la sécurité
Cela peut être risqué si l'on fait de l'investissement standard et si les prix des loyers sont déjà bas. On risque alors de devoir injecter mensuellement de l'argent pour pouvoir couvrir les dettes. Par contre, si l'on associe l'investissement immobilier au *Home Staging* (la technique qui consiste à mettre en valeur uniquement ce qui permet de louer au prix fort, à un coût minimum et selon les besoins du marché) vous serez *moins touché* par une éventuelle baisse *des loyers*. Même si la baisse se confirme, cela reste intéressant d'acheter pour louer, en raison des avantages qu'apporte l'investissement immobilier sur du moyen ou long terme. Investir selon ma méthode permet de faire face à une *légère crise* immobilière éventuelle et évite de se retrouver face à un amortissement négatif, grâce à la marge de sécurité positive que l'on acquiert.

• Ma rentabilité devient un élément prioritaire
En mettant en place l'investissement que je préconise, vous obtiendrez à chaque étape une rentabilité supplémentaire qui permet de louer ou de vendre dans la fourchette haute des prix immobiliers. Ainsi, *vous gardez une marge de sécurité durant une période plutôt à la baisse,* et vous obtenez des revenus supplémentaires durant les périodes de hausse.

Pour bien investir dans l'immobilier, misez sur :
• le prix d'achat,
• l'optimisation du coût des travaux,
• la valorisation du bien par le *Home Staging*.

En apportant une décoration « soignée » à un appartement que vous louez en meublé, vous mettez toutes les chances de votre côté pour éviter les périodes creuses (sans loyer), et vous pourrez louer quelle que soit la situation de l'immobilier, tout en obtenant le meilleur prix par rapport au marché, et éviter de subir les inconvénients d'une location longue durée (loyer en baisse par rapport aux prix pratiqués, risques de non paiement ou de retards de paiement suite aux aléas de la vie du locataire, détérioration du bien suite à un mauvais entretien durant des années…)
C'est aussi un moyen de sécuriser vos investissements puisque vos biens correspondent ainsi aux goûts et besoins des locataires et des acquéreurs. En outre, comme les produits similaires sont rares sur le marché, vous avez toutes les chances pour qu'ils gardent de la valeur même si les prix ralentissent dans les années à venir.

- la décoration, l'ameublement,
- le prix de la location,
- le prix de vente,
- la défiscalisation,
- le développement du quartier.

Lorsque vous achetez un bien dans un quartier « en devenir », cela permet de l'acheter à bas prix aujourd'hui et de le revendre plus cher quelques années plus tard, indépendamment des baisses ou hausses des prix de l'immobilier.

Cela vous permet soit :
1) de gagner une plus-value supplémentaire en revendant si les prix de l'immobilier augmentent ;
2) de conserver la valeur de votre bien si les prix baissent puisqu'en se développant, le quartier lui, prendra de la valeur indépendamment d'une baisse générale de l'immobilier.

Comparatif des avantages/inconvénients entre deux options :
1 – J'emprunte pour acheter ma résidence principale
2 – J'investis selon la méthode d'Elise Franck

	Perspectives financières aléatoires	Les risques	Des coûts supplé-mentaires	Je perds en liberté d'action
① **J'emprunte pour acheter ma résidence principale**	– ma vie personnelle est liée au développe-ment de mon patri-moine et vice et versa. – j'aménage et je décore en fonction de mes goûts avec un budget élevé. – j'achète en fonction de mes goûts et la renta-bilité est secondaire. – aucun loyer ne vient couvrir mes dettes.	– être obligé de vendre à perte et ne pas pouvoir rembourser la banque. – se retrouver dans une situation de surendette-ment. – être tribu-taire des hausses et baisses du marché immobilier. – je n'arrive pas à vendre au moment où j'en ai besoin.	– Les coûts de travaux éventuels viennent s'ajouter aux charges, taxes et emprunt à payer. – je prends en charge toutes les réparations ou pannes éventuelles de mon logement. – je vends à perte si les prix baissent. – Mes coûts mensuels sont plus importants que si j'étais en location. – je réduis ma capacité d'emprunt et les possibilités de m'enrichir.	– je dois reporter certains projets qui me tenaient à cœur. – j'ai des dettes importantes à rembourser tous les mois. – je suis endetté sur 20 ou 30 ans. – mon pouvoir d'achat diminue. – je ne peux pas démé-nager si les prix baissent. – baisse du niveau de vie. – moins de loisir, plus de stress, moins de marges de manœuvre.

	Une rentabilité maximale	La sécurité	Je m'enrichis	Je gagne en liberté
② **J'investis avec la méthode d'Elise Franck**	– je choisis les meilleures opportunités du marché. – J'aménage mes biens au moindre coût tout en les valorisant au mieux. – je loue ou je vends au meilleur prix. – je profite des avantages fiscaux. – mon patrimoine prend de la valeur. – je revends un bien pour rembourser une partie de mes emprunts.	– je diversifie mon patrimoine. – je m'adapte aux fluctuations du marché. – je m'assure des revenus complémentaires. – mes biens sont financés par mes locataires. – j'assure ma retraite. – pouvoir d'achat conservé au même niveau ou augmenté.	– j'augmente mon capital. – je développe mon patrimoine. – je couvre ou dépasse mes mensualités d'emprunt grâce aux loyers. – je peux emprunter et acheter plus qu'en achetant ma résidence principale. – je peux placer le surplus de loyer sur un compte rémunéré. – je peux vendre et empocher une plus-value au moment opportun.	– plus de choix et de possibilités pour m'adapter en fonction des fluctuations du marché. – meilleure qualité de vie. – liberté de faire des choix de vie en fonction de soi-même et non pas pour des raisons financières. – possibilité de s'enrichir. – possibilité de vivre plus sereinement. – possibilité d'élargir ses projets d'avenir ou de travailler moins.

Il faut préciser d'autre part que trouver une « affaire » dans les commerces ou les parkings est beaucoup plus difficile que de trouver une « affaire » dans l'habitation.

Aujourd'hui, l'investissement immobilier est accessible à tous les salariés. Les banques prêtent facilement à des taux qui restent encore suffisamment bas et qui le resteront encore sans doute durant les années à venir. La durée des emprunts s'allonge pour arriver aujourd'hui à 30 voire 35 ans, ce qui réduit le montant des remboursements mensuels. Et surtout, une grande majorité de la population n'est pas encore propriétaire et rêve de le devenir.

À cela s'ajoute les nombreuses raisons qui poussent aujourd'hui de plus en plus de particuliers à investir : les retraites sont de plus en plus incertaines, la durée moyenne d'un emploi salarié est aujourd'hui de quatre à cinq ans... et je suis bien certaine que parmi les lecteurs de ce livre, rares sont ceux qui n'ont jamais connu le chômage !

La perspective d'une vie plus incertaine, plus exposée à des périodes financièrement difficiles, s'oppose désormais à une volonté générale de travailler moins et d'être plus indépendant. Licenciement, chômage, dettes à couvrir, nécessité de se prémunir contre des retraites moins importantes : toutes ces peurs et cette obligation de rendre toujours plus de comptes, nous minent au fur et à mesure des années...

Les gens aujourd'hui ne veulent plus être dépendants d'un salaire, d'une entreprise, d'un patron mais veulent en même temps profiter de la vie et être indépendant financièrement.

L'investissement immobilier sous toutes les formes que j'ai évoquées dans ce livre est comme une chance qui nous est offerte aujourd'hui de sortir du piège dans lequel nous nous sommes mis tous seuls, car la société nous pousse toujours à être un bon élève, a être félicité lorsque l'on a bien travaillé, pour ensuite reproduire la même chose et être discipliné au sein de l'entreprise : travailler plus pour gagner plus. Moi je vous propose plutôt de gagner plus et de travailler moins !

Aujourd'hui, je ne pourrais plus revenir en arrière et être de nouveau salariée, pour la bonne et simple raison que ma vie actuelle me permet d'utiliser chaque seconde, chaque minute comme bon me semble, et ça, ça n'a pas de prix !

Chapitre 6

MON PLAN D'INVESTISSEMENT À LA LOUPE ET LE BILAN CHIFFRÉ

• Les résultats chiffrés de mes investissements immobiliers

Le premier appartement : Un revenu immédiat

Pour mon premier investissement, mon objectif était double : je payais mes intérêts bancaires grâce à mes revenus locatifs, et j'économisais le reste c'est-à-dire 570 € par mois, pour un investissement futur.

Descriptif rapide du bien : un F1 de 37 m^2 transformé en deux pièces de 40 m^2, au 4e étage sans ascenseur, avec dressing, salle d'eau et cuisine séparée, très lumineux et calme, donnant sur cour.

Prix d'achat	Fonds propres	Mensualités bancaires	Loyer	Net perçu
145 000	22 000	730	1 300	570

➤ Emprunt sur 25 ans au taux fixe de 4,15 %.

➤ Le prêt ne couvre pas les frais de notaire.

➤ Budget approximatif des travaux de rénovation/décoration : 15 000 €.

➤ Frais de recherche du locataire : 85 €.

➤ Durée de l'opération entre l'achat et la location : 1 mois et demi.

➤ Montant approximatif des impôts fonciers : 95 € par an.

Le deuxième appartement : un deuxième revenu

Après quelques mois, j'ai voulu renouveler cette expérience. La banque m'a concédé de nouveau un prêt bancaire puisque le remboursement du premier était couvert par les loyers. J'ai demandé mon deuxième emprunt dans la même banque qui pratiquait les taux les plus intéressants du marché.

Descriptif du bien : studio de 15 m^2, au 5e étage sans ascenseur, avec mezzanine, salle d'eau, wc, rangements et coin cuisine, très clair et calme donnant sur cour.

Prix d'achat	Fonds propres	Mensualités bancaires	Loyer	Net perçu
38 000	0	196	700	504

➤ Emprunt sur 25 ans au taux fixe de 3,8 %.

➤ Budget approximatif des travaux de rénovation/décoration : 3 000 €.

➤ Frais de recherche d'une locataire : 85 €.

➤ Montant approximatif des taxes foncières : 50 € par an.

➤ Durée de l'opération entre l'achat et la location : 1 mois.

Le loyer mensuel de ce studio était de 700 €, somme qui dépassait le montant des remboursements de mon prêt bancaire (196 € mensuels). Ce nouvel investissement me rapportait donc 504 € par mois (avant impôts) immédiatement.

Encore une opération réussie !

Je dégageais donc déjà un excédent de 1 120 € mensuels (montant des loyers déduits de celui des remboursements des crédits immobiliers – avant impôts), uniquement en ayant fait deux opérations immobilières en l'espace de deux ans. Cette somme représente presque l'équivalent d'un salaire mensuel alors qu'à mon travail, je stagnais au même niveau de revenu depuis plus de 4 ans…

Première opération d'achat/revente : une bonne plus-value

Alors que tout marchait comme je voulais, et que j'avais encore une capacité d'emprunt d'environ 80 000 € j'hésitais cette fois à renouveler l'opération, car j'avais entendu parler de certaines personnes qui avaient investi la totalité de leur capacité d'emprunt dans des appartements dans le but de les louer, mais qui, une fois arrivées à la limite de ce que la banque pouvait leur accorder, étaient bloquées dans leur enrichissement.

En effet, dans ce cas de figure, non seulement les gens ne peuvent plus emprunter pour s'acheter un bien pour eux- mêmes mais, en plus, si par malheur un ou plusieurs de leurs biens restent vides ou que le locataire ne paie pas le loyer (ce qui peut arriver plus fréquemment qu'on ne le croit), ils sont quand même obligés de rembourser leur crédit à la banque et cela peut-être risqué.

J'ai donc décidé d'acheter et de revendre immédiatement après, sans passer par la location. Cela m'a permis de récupérer du capital que j'avais pu mettre de côté pour un autre achat et de garder ma capacité d'emprunt. Mon but était de renouveler cette opération deux fois pour pouvoir par la suite acheter un bien au comptant sans crédit bancaire.

Ainsi, non seulement la banque continuait à me prêter de l'argent, mais en plus, comme mon capital en fonds propres s'accroît, le montant qu'elle me prête augmente.

Il fallait pour cela que je trouve un bien à bas prix que je pourrais rendre plus attrayant en le remettant à neuf, et revendre suffisamment cher pour en tirer une plus-value conséquente malgré les 27 % d'impôts à payer.

Avec cette vente j'ai récupéré 45 000 € après avoir payé l'impôt sur la plus-value de 27 % et remboursé ma dette auprès de la banque. J'ai tout de suite mis cet argent sur un compte bancaire rémunéré.

Descriptif du bien : deux pièces de 28 m², au 3e étage sans ascenseur, avec coin cuisine, chambre, salle d'eau et wc et pièce à vivre. Cet appartement a été entièrement rénové avant d'être revendu.

Prix d'achat	Fonds propres	Prix de revente	Prix des travaux	Net perçu après impôts
85 000	13 000	165 000	13 000	44 240

➤ Calcul de la plus value :

Prix de vente – (prix d'achat + 7 % + travaux)

165 000 – 104 397 = 60 603
60 603 – 27 % = 44 240

- Emprunt sur 25 ans au taux variable de 3,8 %.

- Budget approximatif des frais de recherche d'un acquéreur : 144 €.

- Durée de l'opération entre l'achat et la revente : entre la signature définitive de l'achat et la signature définitive de la vente : 5 mois.

Je n'ai pas souscrit d'emprunt pour financer les 13 000 € de travaux.

Deuxième opération d'achat/revente : ne plus être dépendant de la banque

Étant donné qu'il me restait encore une capacité d'emprunt et que les 44 000 € que j'avais gagnés ne suffisaient pas pour m'acheter un bien sans emprunt bancaire, j'ai voulu recommencer cette opération, en espérant faire de nouveau un bon investissement et ainsi ne plus avoir besoin de la banque pour une acquisition futur.

Cette nouvelle opération m'a rapporté moins d'argent que la précédente, mais les travaux ont été faits très vite et n'ont pas coûté très cher.

J'ai fait un emprunt sur la totalité du prix d'achat en prenant le taux le moins cher, c'est-à-dire un taux variable, susceptible donc de monter au fil des années. Mais je ne prenais en fait aucun risque puisque je comptais revendre cet appartement à peine quelques mois plus tard.

Descriptif du bien : deux pièces de 23 m^2, au 1er étage sans ascenseur, avec coin cuisine, salle d'eau, wc séparé, chambre et salle de séjour. Très clair et calme donnant sur cour.

Prix d'achat	Fonds propres	Prix de revente	Prix des travaux	Net perçu après impôts
69 000	3 000	125 000	3 000	34 899

➤ Calcul de la plus-value :

Prix de vente – (prix d'achat + 7 % + travaux)

125 000 – 77 193 = 47 807

47 807 – 27% = 34 899.

➤ Emprunt sur 25 ans au taux fixe de 3,6 %

Budget approximatif des frais de recherche d'un acquéreur : 144 €.

Durée de l'opération entre l'achat et la revente : entre l'acte définitif d'achat et l'acte définitif de vente : 4 mois.

Le troisième appartement : cash !

Après ces deux opérations d'achat-revente, j'ai utilisé les plus-values dégagées pour acheter au comptant sans emprunt bancaire un studio à rénover.

Descriptif du bien : studio de 20 m^2 transformé en duplex, au 1er étage sur cour, avec salle d'eau, wc, coin cuisine, rangements, salle de séjour en bas et chambre en haut, clair et calme.

Prix d'achat	Fonds propres	Coût des travaux	Loyer	Net perçu
82 000	95 000	13 000	1 000	1 000

Travaux et appartements payés sur fonds propres.

Prix d'achat : frais de notaire non compris.

Budget approximatif des frais de recherche d'un locataire : 85 €.

Durée de l'opération entre l'achat et la location : 1 mois et demi.

Montant approximatif des impôts fonciers : 70 € par an.

Un fond de commerce pour diversifier son patrimoine immobilier

Pour cette opération, je n'ai pas eu besoin de faire les travaux de rafraîchissement puisque c'est le commerçant nouvellement locataire, qui s'en est occupé. C'est une bonne opération que je renouvellerai volontiers lorsque j'aurai de nouveau une capacité d'emprunt suffisante et surtout si je trouve une affaire similaire car elles sont très rares.

Descriptif du bien : boutique de 50 m^2 en rez-de-chaussée donnant sur rue, avec un wc et un coin lavabo.

Prix d'achat	Fonds propres	Coûts des travaux	Loyer	Mensualité après impôts	Net perçu
150 000	15 000	0	1 300	973	327

➤ Emprunt sur 20 ans au taux fixe de 4,30 %.

➤ Le prêt ne couvre pas les frais de notaire.

➤ Budget approximatif des travaux de rénovation/décoration : aucun puisque le locataire à pris en charge les travaux.

➤ Frais de recherche d'un locataire : aucun puisque j'ai mis une annonce sur la façade de la boutique.

➤ Durée de l'opération entre l'achat et la location : 15 jours.

➤ Montant approximatif des impôts fonciers : aucun puisque c'est le locataire qui les prend en charge.

Les parkings

Ces deux emplacements de parking ne me rapportent pas énormément, mais cela m'a permis surtout de diversifier un peu mes placements et, pourquoi pas, d'en utiliser un si besoin dans quelques temps.

Descriptif du bien : deux emplacements de parking au 4e sous-sol d'un immeuble.

Prix d'achat	Fonds propres	Coût des travaux	Loyer	Net perçu
27000	3000	0	300	150

➤ Emprunt sur 20 ans au taux fixe de 4,10 %.

➤ Le prêt ne couvre pas les frais de notaire.

➤ Budget approximatif des travaux de rénovation/décoration : aucun frais.

➤ Frais de recherche d'un locataire : aucun frais puisque j'ai mis une annonce à l'entrée de l'immeuble.

➤ Durée de l'opération entre l'achat et la location : 15 jours.

➤ Montant approximatif des impôts fonciers : 40 € par an.

• Récapitulatif

On peut résumer mon plan d'investissement sur quatre ans de la façon suivante :

– achat de deux biens avec crédit bancaire et bon rendement locatif ;
– deux opérations d'achat vente avec plus-values intéressantes ;
– achat d'un appartement sans crédit bancaire grâce aux économies effectuées sur mon salaire, mes revenus locatifs, mes plus-values ;
– Diversification des placements avec l'achat d'un local commercial et de deux parkings.

Durant la quatrième année j'ai pu acheter deux parkings et un fonds de commerce avec un emprunt bancaire dont le montant encore une fois est inférieur aux loyers perçus, ce qui augmente encore ma capacité d'emprunt pour des investissements futurs.

J'ai versé 40 000 € à la banque pour rembourser une partie de l'emprunt immobilier souscrit pour mon premier achat. Ce remboursement anticipé m'a également permis de diminuer mes mensualités.

À la fin de la quatrième année je percevais grâce aux biens immobiliers gardés en location, les revenus locatifs suivants :
Loyers nets perçus (après remboursement des crédits immobiliers)

Appart 1	Appart 2	Appart 3	Fond de commerce	Garages
874	550	1 000	327	150

Je percevais donc au bout de quatre ans 2 901 € par mois avant impôts.

Le total des taxes foncières de ces différents biens sont de : 255 € par an soit 21,25 € par mois.

La taxe d'habitation est payée par les locataires.

• Pourquoi j'ai réussi et pourquoi vous le pouvez aussi

Grâce à mes deux opérations d'achat/revente, à mes revenus locatifs et à mes économies, j'ai pu constituer un capital avec lequel j'ai acheté un appartement au comptant, sans l'aide de la banque, ce qui m'a permis de percevoir directement l'intégralité du loyer.

Bien sûr, vous me direz que j'ai eu de la chance de tomber sur ce genre de biens, que maintenant les prix de l'immobilier ont augmenté, mais je pense sincèrement que ce n'est pas une question de chance, car n'importe qui aurait pu faire comme moi. La seule différence est simplement que je l'ai fait.

La chance appartient à celui qui va la chercher et qui sait la provoquer. Si je n'avais pas passé beaucoup de temps à chercher et si je n'avais pas mis tous les moyens en œuvre pour être dans les premiers à visiter le bien, et la première à faire une proposition, je n'aurais jamais eu « la chance » d'avoir des revenus à vie sans travailler…

En ce qui concerne l'augmentation des prix de l'immobilier, je crois que c'est également une fausse raison pour ne pas agir. En effet, l'on peut toujours trouver des affaires quelle que soit la situation du marché. Comme je l'ai expliqué plus haut, quand on cherche vraiment et quand on s'en donne les moyens il y a toujours des biens dont personne ou dont la majorité des gens ne voudra pas pour diverses raisons : mauvais état, copropriété, voisinage, quartier populaire en devenir.

Il faut parfois savoir voir ce que les autres ne voient pas. Les gens s'arrêtent à leur première impression et ils ont du mal à imaginer l'appartement qu'ils visitent différemment ou transformé. Souvent la plupart des gens sont focalisés sur les aspects négatifs et non sur les aspects positifs d'un bien qu'ils visitent. Là est tout le secret : savoir deviner ce que les autres ne voient pas. Je me suis rendue compte d'ailleurs que la plupart du temps, j'ai acheté des biens dont la majorité des gens n'auraient pas voulu de prime abord.

Si j'ai réussi mes investissements immobiliers c'est aussi parce que je n'ai écouté personne d'autre que moi-même et mon intuition. Car il n'y a rien de pire que de demander conseil à des personnes bienveillantes qui ne se priveront pas de vous faire la liste des problèmes et points négatifs qu'ils ont repérés. Ils vous conseilleront en général de ne surtout pas acheter tel ou tel bien qui risque de vous coûter beaucoup d'argent, des problèmes…

Je ne veux plus avoir peur de la précarité

Q. : *« Je voulais vous dire ici que je trouve votre parcours superbe. Vous avez pris votre destin en main et vous avez construit votre liberté. Moi aussi, quand j'ai repris mes études pour sortir des dettes de mon ex-mari, on a essayé de me décourager, mais j'ai suivi ma voie… Le seul crédit que j'ai fait de ma vie était pour une maison avec mon ex-mari, le reste je l'ai toujours acheté comptant. Aujourd'hui, je n'ai aucune dette et vos conseils vont me permettre d'y voir plus afin de définir mon projet dont le but est d'arrêter d'avoir peur de la précarité. »*

Le conseil d'Elise Franck
Merci beaucoup pour votre message. Cela fait chaud au cœur et je fais tout pour que mon parcours ne s'arrête pas là. Je souhaite aujourd'hui permettre à d'autres personnes de pouvoir s'enrichir comme moi pour qu'elles puissent gagner en confort de vie et en

sérénité. En tout cas je vous trouve très courageuse car cela n'a pas dû être facile pour vous tous les jours. Que vous n'ayez plus du tout de dettes est déjà énorme et vous permet aujourd'hui, surtout si vous avez un travail, de prendre un nouveau virage. La vie est faite de hauts et de bas mais souvent (en tout cas ce fut mon cas) c'est parce que l'on se retrouve un jour au plus bas que l'on trouve la force de s'en sortir… parfois mieux que les autres !

Ne vous en tenez donc qu'à vous-même pour faire votre choix. Et n'oubliez pas que prendre des risques fait partie intégrante de la vie d'un investisseur.
Pas de risques = pas d'investissements = pas de plus-value. Donc, si vous êtes méfiant de nature que vous ne voyez en général que le côté négatif des choses, mieux vaut ne pas se lancer dans ce type d'opérations. Si, au contraire, vous pensez que la vie ne mérite d'être vécue qu'en s'impliquant vraiment, en se faisant confiance et en osant prendre quelques risques, alors n'hésitez plus et lancez-vous !

Réussir ses opérations immobilières signifie savoir donner une égale importance à chaque étape de l'investissement.

- savoir négocier à toutes les étapes. Que ce soit au niveau de l'achat du bien lui-même, au moment des travaux, ou encore lors des discussions avec votre banquier, concernant les délais des travaux ou encore les commissions d'agences, il faut savoir à chaque fois négocier en sa faveur ;
- repérer les bonnes affaires,
- être réactif,
- avoir les bonnes idées pour restructurer un espace,
- mettre en valeur un bien au moindre coût,

- trouver des entreprises sérieuses,
- suivre les travaux avec attention,
- avoir des talents de décorateur
- choisir son locataire avec soin,
- vendre ou louer au bon prix.

• Les six points clés pour réussir votre plan d'investissement…

– Un prix d'achat de 15 à 25 % moins cher que le marché.

– Une décoration moderne et soignée à moindre coût ou une rénovation qui va donner de la valeur au bien.

– Une annonce avec photos mettant en valeur le bien.

– Un prix de vente ou de location bien évalué.

– Faire une ou deux opérations d'achats/ventes avant d'épuiser sa capacité d'emprunt bancaire.

– Récupérer ses économies et la plus-value réalisée pour acheter un ou deux appartements au comptant sans emprunt bancaire.

CONCLUSION

• Rentière… et après ?

Quand j'étais petite je n'avais aucune idée de ce je que voulais faire plus tard, pas de passion particulière, pas de talents et j'étais plutôt mauvaise élève à l'école. Et puis, plus grande, je ne me sentais pas à ma place non plus en entreprise ou dans les différents métiers que j'ai pu exercer. Mais aujourd'hui j'ai trouvé un moyen de m'épanouir qui me permet de voir grand et d'imaginer un avenir qui sera toujours meilleur. Ma vie n'est pas figée et je continue à rêver que tout est possible !

J'aurais pu aussi travailler dur tous les jours lorsque j'étais salariée, faire des heures supplémentaires et montrer que j'étais très impliquée dans mon travail pour gagner un peu plus en fin de mois mais, mon manque de goût évident pour les contraintes était incompatible avec ce qu'on exigeait de moi.

Le secret d'Elise

Q. : *« Tout d'abord, merci Elise de nous avoir fait partager votre parcours couronné de succès financiers, de façon claire et précise, dans le monde des transactions immobilières et les différentes possibilités d'investissement qui en découlent.*
Pour ma part, j'ai été un lecteur très attentif de votre livre, notamment des dernières pages car c'est là, comme vous l'écrivez briève-

ment, que réside la clé du secret de votre succès. Cela me rappelle la vision des philosophes : "être – faire – avoir".
D'abord on EST (on EST confiant en soi). Lorsque l'on est dans cette attitude, on commence à FAIRE et l'on découvre bientôt que ce que l'on fait nous apporte ce que l'on a toujours voulu AVOIR.
Il est donc important de savoir "ce que l'on veut être" pour obtenir "ce que l'on veut avoir". »

La réponse d'Elise Franck

Pour ma part, je pense que j'ai toujours su ce que je voulais être, du moins j'ai toujours su ce que je ne voulais pas être : dépendante de quelqu'un, d'une situation, d'objets, d'un boulot. Cette idée m'a toujours guidée tout au long de ma vie. Ce n'est pas grand-chose, et pourtant je suis sûre que cette quête d'indépendance est devenue peu à peu une évidence, qu'elle m'a guidé dans mes choix, m'a soutenu dans les périodes de doute et m'a finalement apporté ce que j'ai toujours recherché : la liberté de choisir. Pour moi, la vie n'a de sens que si on peut la vivre à sa manière, en faisant des choses qui nous plaisent, en faisant des choix en fonction de nous-mêmes, en décidant de ce que l'on veut faire de sa vie en général, mais aussi de sa journée, de l'instant présent. Cela paraît à la fois si facile à dire et tellement inaccessible à beaucoup de gens. Bien sûr il faut travailler dur pour gagner de l'argent, il faut s'occuper de ses enfants, il faut faire les courses, il faut faire des économies, il faut, il faut, il faut… voilà ce que peut devenir notre quotidien si l'on y prend pas garde : une succession de contraintes… C'est la raison pour laquelle je vous recommande de « prendre votre avenir en main » et de le faire, grâce à ma méthode, en commençant par gagner votre indépendance financière.

De plus, et finalement ça tombait bien, je ne souhaitais pas me contenter de cette « petite vie » qui consistait à effectuer tous les jours un travail routinier sans intérêt et très ennuyeux. Je voulais plus en faisant moins d'effort (quelle idée !) et pour cela il fallait chercher ailleurs que dans le monde de l'entreprise, il fallait que je trouve une autre voie…

Comme dit le proverbe : « L'argent ne fait pas le bonheur, surtout pour ceux qui n'en ont pas ». Aujourd'hui je ne suis pas riche encore, mais j'ai la chance d'être indépendante financièrement. J'ai acquis trois choses qui n'ont pas de prix : la liberté, le temps de profiter de la vie et la sérénité.

Au début, lorsque je parlais de mon projet immobilier aux gens de mon entourage pour avoir leur avis, les réactions ont été plutôt décourageantes : « tu es complètement naïve et irréaliste », « si c'était si simple ça se saurait et aujourd'hui tout le monde serait riche », « ne te lance surtout pas là-dedans, tu risques d'avoir des problèmes » etc.

Tous ces conseils avisés auraient pu me décourager à jamais et pourtant, comme j'avais le sentiment que c'était ce que je voulais faire au plus profond de moi-même, j'ai foncé et je ne regrette rien !

Mais mon souhait n'était pas de répéter ce genre d'opérations immobilières indéfiniment pour devenir toujours plus riche. Je souhaitais simplement en réaliser quelques-unes de façon ponctuelle en restant toujours dans la légalité pour arriver à mes fins : gagner un revenu à vie sans avoir besoin de travailler.

Aujourd'hui, j'ai atteint cet objectif. J'ai souhaité, après ce succès très égoïste, me tourner vers les autres en créant la société « Elise Franck Conseil » spécialisée dans le conseil et la recherche de biens immobiliers.

Mode de rémunération

Q. : « *Comment sont rémunérés vos conseils en investissement ? S'il s'agit d'un pourcentage, comment est-il calculé ? Facturez-vous des honoraires ou un forfait quel que soit le succès de l'opération ? Ou bien est-ce lié au résultat (rentabilité nette de l'opération par exemple) ?* »

Elise Franck

Mes prestations consistent à rechercher pour mon client un bien immobilier décoté au plus bas prix sur l'ensemble du marché, afin de dégager une rentabilité intéressante, généralement entre 7 et 9 % dans le cadre d'un investissement locatif. L'objectif est de lui permettre de couvrir, voire de dépasser le montant des remboursements mensuels du prêt bancaire, grâce à un prix d'achat en dessous du marché et à un prix de location élevé. Ce prix élevé de location est justifié par un aménagement selon la méthode du *Home Staging* : réduire les coûts de rénovation et d'aménagement au maximum tout en apportant une valorisation maximale du bien (ne rénover que ce qui est essentiel et qui donnera de la valeur au bien et choisir les équipements ayant le meilleur rapport qualité/prix). Quant à mes honoraires, ils sont fonction du service proposé. Pour la recherche, c'est un pourcentage du prix du bien trouvé ; pour la proposition d'un plan d'aménagement, le choix des équipements et le suivi des travaux, c'est un pourcentage sur le montant des travaux.

En effet, lorsque l'on veut investir dans l'immobilier, l'étape la plus importante et décisive reste l'achat du bien. Si vous achetez en-dessous des prix habituels du marché, si l'appartement ou la maison est situé dans une rue ou un quartier « en devenir », si vous avez repéré que ce

bien a du potentiel et que sa valeur pourra être augmentée grâce à quelques travaux bien ciblés, et si en plus vous achetez au bon moment, vous serez sûr de faire un bon investissement.
Mais cette recherche peut ressembler au parcours du combattant tant il est parfois difficile de trouver de bonnes affaires. Et une fois la perle rare identifiée, il faut être très réactif car les bonnes affaires ne restent parfois que quelques heures sur le marché… et souvent, même en faisant vite… on arrive trop tard!

Tout cela demande du temps et cela peut parfois être très contraignant, surtout si votre vie est déjà bien remplie. C'est la raison pour laquelle des structures comme « Elise Franck Conseil » peuvent vous aider à réaliser vos projets.

Vos services sont-ils un bon investissement?

Q. : *« En ce qui concerne les services que vous proposez par l'intermédiaire de votre société "Elise Franck Conseil", cela reste-t-il rentable, une fois vos honoraires payés ? »*

La réponse d'Elise Franck
Je propose à mes clients de chercher pour eux une affaire immobilière (souvent à Paris, mais pas uniquement), de les aider dans leur négociation, de les assister tout au long de l'opération, de suivre les travaux si nécessaire, de décorer le bien et de m'occuper de la gestion locative.
Ce service est donc idéal pour des personnes souhaitant investir dans l'immobilier mais ne se trouvant pas sur place ou n'ayant pas le temps de s'y consacrer. Je m'occupe à leur place de toutes les tâches importantes liées à leur investissement immobilier.

Mais le deuxième point important de mes services est la valeur ajoutée que j'apporte grâce à mon expérience dans le domaine. En effet, mon but est d'obtenir pour mes clients la meilleure rentabilité possible par rapport à lcur budget et la situation du marché immobilier du moment.

Mais surtout, si vous souhaitez réussir comme j'ai pu le faire, n'écoutez que vous-même et vos intuitions. Fixez vos objectifs précisément et faites comme moi : lancez-vous ! Si vous restez positif et motivé, vous obtiendrez bien plus que vous ne l'imaginez.

Alors bonne chance et maintenant... à vous de jouer !

Q. : *« Vous vivez en couple, j'imagine que le soutien de votre compagnon a dû vous aider à déplacer des montagnes. Avez-vous profité immédiatement de vos loyers, ou les avez-vous mis de côté pour de futurs investissements ? »*

Elise Franck

Oui, je vis en couple depuis maintenant trois ans, et c'est vrai que mon mari m'a toujours soutenu et aidé à aller de l'avant. C'est important, surtout au début lorsque l'on commence et que l'on a besoin de quelqu'un qui croit en vous. En revanche, côté argent, j'ai toujours tout fait avec mes propres ressources (sinon je n'aurais pas beaucoup de mérite). Mais mon mari n'est pas du tout calculateur et il est très galant, donc il m'invite souvent lorsque nous partons en vacances ou que nous sortons.

Durant ces quatre dernières années tous mes gains ont été réinvestis. Mais maintenant il faut que j'apprenne à faire l'inverse... dépenser un peu plus et penser à moi.

Q. : *« J'ai lu votre livre avec beaucoup d'attention, et vous m'avez vraiment donné envie de me lancer. Mais je me pose une question : en ces temps de crise immobilière, avérée ou annoncée, alors que les taux sont élevés et que les banques prêtent moins facilement, est-ce toujours le moment de mettre en pratique votre méthode ? Ne vaut-il pas mieux attendre des jours meilleurs ? »*

Le conseil d'Elise Franck

Tout d'abord, qu'entendez-vous par « des jours meilleurs » ? Lorsque la crise est installée, sait-on combien de temps elle va durer ? Personne ne peut répondre précisément à cette question. Une chose est certaine, vu le contexte économique actuel, il y a fort à parier que l'époque que nous allons vivre ne sera pas la plus facile pour la majorité d'entre nous, il est donc important et nécessaire de savoir se mettre à l'abri d'une conjoncture difficile en s'assurant des revenus et un capital qui serviront aussi en cas de coup dur. Être propriétaire de nos jours devient une sécurité évidente que personne ne peut nier.

Je pense donc que c'est le moment ou jamais d'investir dans l'immobilier : les prix ont baissé, les acheteurs sont plus rares, donc les prix se négocient plus facilement, les taux ne sont pas encore très élevés, ils restent à un niveau tout à fait correct pour faire des investissements rentables. De plus, du fait de la difficulté d'emprunter pour acheter qu'ont certaines personnes, les locataires seront plus nombreux et les prix des loyers vont continuer à augmenter, ce qui est intéressant dans le cadre d'investissements immobiliers locatifs. Il ne faut donc pas attendre selon moi, mais plutôt profiter de la conjoncture actuelle pour faire des affaires… à la condition, bien sûr, de pouvoir emprunter suffisamment.

En revanche, je ne conseille pas de revendre en ce moment, mais plutôt de profiter des prix à la baisse pour acheter et revaloriser son bien pour le louer en attendant une remontée des prix. Attention toutefois à ne pas acheter dans des zones peu dynamiques, dans des petites villes ou des endroits trop isolés, car vous prendriez ainsi plus de risques de voir la valeur de votre bien diminuer dans le temps, alors que si vous achetez dans une grande ville, dans un quartier en devenir, vous pourrez rentabiliser au maximum en faisant comme moi du meublé/décoré et en misant sur une valorisation de votre bien sur le long terme.

Annexe

FINANCES ET FISCALITÉ, LES BONS CALCULS POUR RÉALISER UNE OPÉRATION GAGNANTE[1]

• Le dispositif Scellier

La loi Scellier a été instaurée afin de remplacer progressivement les régimes Robien et Borloo qui sont amenés à disparaître. Elle s'adresse aux contribuables français payant au minimum 2 500 € d'impôts sur le revenu et souhaitant investir dans des logements neufs destinés à la location nue. Ces investissements doivent être effectués entre 2009 et 2010 pour réduire le prix d'acquisition de 25 à 37 % alors qu'en 2011 et 2012 – compte tenu des informations dont nous disposons au moment où nous écrivons ces lignes – le même achat ne vous permettra plus de réduire le prix de revient que de 20 %.

Depuis le 1er janvier 2009, les investisseurs immobiliers peuvent donc choisir la défiscalisation Scellier afin de réduire leur impôt sur le revenu, et ceci quelle que soit leur TMI (Tranche Marginale d'Imposition).

Il existe toutefois deux régimes bien distincts : « Scellier » et « Scellier-Carrez ». Selon le régime fiscal choisi, on ne bénéficie pas des mêmes possibilités de réduction d'impôts. Toutefois, les deux dispositifs ne

1. Cette annexe a été rédigée par David Charles, conseiller en gestion de patrimoine.

seront valables qu'à raison d'une seule acquisition ou construction par an et dans une limite d'investissement de 300 000 € pris en compte pour le calcul de la réduction fiscale. Ces investissements sont le plus souvent réalisés dans le cadre d'une VEFA (« Vente en État Futur d'Achèvement »), ce qui signifie que l'acquisition du bien est faite sur plan, avant que les travaux de construction ne soient achevés.

Le régime Scellier permet une réduction d'impôts équivalente à 25 % du prix du bien immobilier, étalée sur 9 ans de façon linéaire (c'est-à-dire pour un montant équivalent chaque année), soit 2,77 % du prix par an à soustraire de votre impôt.

Le régime Scellier-Carrez permet, quant à lui, une réduction d'impôts pouvant atteindre 37 % du prix du bien immobilier, étalée sur 15 ans maximum, soit 2,77 % par an de la première à la neuvième année, puis 2 % par an les six années suivantes.

L'objectif premier de ce type d'investissement locatif reste la réduction d'impôt sur le revenu. Mais ceci n'est qu'un des nombreux avantages du dispositif. En effet, cette loi permet de réaliser un excellent placement et demeure surtout très rentable pour différents profils et de multiples situations, dès lors que votre impôt sur le revenu dépasse 2 500 € /an.

1er avantage : très forte réduction d'impôts, adaptable à tous les budgets. Deux types d'avantages fiscaux sont constatés : réduction d'impôt et déficit foncier[1].

2e avantage : aucun apport initial nécessaire pour l'acquisition.

1. Le déficit foncier est la différence négative entre les revenus locatifs et les charges déductibles fiscalement d'un placement immobilier.

3e avantage: percevoir des revenus locatifs nets d'impôts et ceci grâce au déficit foncier.

4e avantage: effort de trésorerie mensuelle très minime, donc accessible à tous.

5e avantage: rentabilité nette supérieure à 10 % par an sans aucun prélèvement social (12,1 %).

Je vous recommande très fortement de mixer des investissements immobiliers dans l'ancien meublé et le neuf afin de générer une rentabilité maximale.
Ce type d'opérations vous permet de constituer un patrimoine conséquent tout en contournant légalement ce qui réduit fortement la rentabilité de tous vos placements: les différents impôts et prélèvements sociaux.

Le principe de la création de patrimoine consiste à utiliser les différents effets de leviers financiers et fiscaux afin de vous créer du patrimoine immobilier net de fiscalité pendant une dizaine d'années.

Ce type d'opérations peut s'adapter à tout profil à partir du moment où l'impôt sur les revenus globaux dépasse 2 500 €. Nous allons le démontrer ci-dessous en faisant une simulation à partir de deux profils différents d'investisseurs.

1er profil

Mme Dupond gagne 2 670 € nets par mois et paie 3 600 € d'impôts (28 800 € de revenus nets imposables, après abattement de 10 %). Elle veut se créer un patrimoine net de toute fiscalité.

➤ Achat d'un studio meublé de 77 000 €, payé par emprunt bancaire, générant 8 400 euros de revenus locatifs par an.

➤ Achat d'un studio en loi Scellier (129 000 €), payé par emprunt bancaire, générant une économie d'impôts totale sur 9 ans de 32 250 €.

Résultats chiffrés

• *Fiscalité des revenus locatifs*

– Studio meublé : 8 400 € – 50 % d'abattements = 4 200 € de revenus imposés qui s'ajouteront aux revenus globaux de Mme Dupond.
– Studio loi Scellier : 129 000 euros x 25 % = 32 250 € d'économies d'impôts sur 9 ans, soit 3 600 € / an sur les revenus globaux.

• *Imposition*

– Revenus : 28 800 €.
– Meublé : 4 200 €.
– Impôt = 4 416 €.

Réduction Scellier = –3 600 € par an.

Nouvel impôt = 816 €.

• *Effort de trésorerie*

– Studio meublé excédent de trésorerie de 189 € / mois.
– Studio loi Scellier : effort de trésorerie de 200 € / mois.

Effort global de trésorerie : 200 € – 189 € = 11 € / mois.

– Constitution d'un patrimoine de plus de 200 000 €.
– Revenus locatifs supplémentaires par an : 5 160 + 8 400 = 13 560 € / an net d'impôts.
– Forte réduction d'impôts sur les revenus globaux.

Par ces investissements, Mme Dupond a créé un patrimoine important financé par les banques. Elle rembourse ses échéances d'emprunt bancaire grâce aux loyers qu'elle perçoit et, en outre, elle efface partiellement ou totalement les impôts sur ses revenus globaux et ses loyers encaissés.

2e profil

M. et Mme Durand paient 8 505 € d'impôts pour des revenus de 5 980 € nets / mois (= 64 580 € de revenus nets imposables). Ils viennent de faire l'investissement d'un appartement meublé de 2 pièces d'une valeur de 200 000 €, payé par emprunt bancaire, générant 16 000 € de revenus locatifs par an. Ils souhaitent augmenter leur patrimoine immobilier tout en effaçant leur impôt global sur le revenu. Voici la solution qu'ils peuvent mettre en œuvre :

➤ Achat d'un T2 meublé de 200 000 €, payé par emprunt bancaire, générant 16 000 € de revenus locatifs par an.

➤ Achat d'un T3 en loi Scellier de 290 000 €, payé par emprunt bancaire, générant une économie d'impôts totale sur 9 ans de 72 500 €.

Résultats chiffrés

• *Fiscalité des revenus locatifs*

– T2 meublé : 16 000 € – 50 % d'abattement = 8 000 € de revenus imposés qui s'ajouteront aux revenus globaux de M. et Mme Durand.
– T3 loi Scellier : 290 000 € x 25 % = 72 500 € d'économies d'impôts sur 9 ans, soit 8 055 € par an.

• *Imposition*

– Revenus du foyer : 64 580 € imposables (après abattement de 10 %).
– Location du T2 meublé : 8 000 € (abattement de 50 % déduit).
– Impôts : 8 505 €.

Réduction Scellier : – 8 055 €.

Nouvel impôt : 450 €.

• *Effort de trésorerie*

– T2 meublé : excédent de trésorerie de 250 € / mois.
– T3 Loi Scellier : effort de trésorerie de 230 € / mois.

Effort global de trésorerie : 230 € – 250 € = – 20 €.

Nous voyons à travers cet exemple d'investissement que la constitution d'un patrimoine de 490 000 € payé par crédit bancaire est totalement remboursée par les locations des deux opérations ainsi que les économies d'impôts. L'opération transforme au passage l'impôt sur les revenus globaux (salaires + revenus locatifs) en capital épargné, ce qui, dans quelques années, se transformera en patrimoine ou en revenus complémentaires selon ce que décideront de faire les propriétaires.

Les revenus locatifs des deux opérations sont totalement nets d'impôts : d'une part car les revenus du meublé bénéficient de 50 % d'abattements et parce que le reste des revenus (8 000 €) sont ajoutés aux revenus globaux et effacés par la réduction d'impôts Scellier. D'autre part, les revenus locatifs de l'investissement Scellier sont déduits des charges de cette opération (intérêts d'emprunts, gestion, garantie, frais de copropriété...) générant un déficit foncier (c'est-à-dire des charges supérieures aux loyers encaissés) qui sera déduit du revenu global.

Le but de ces opérations consiste à vous apporter une rentabilité maximale par rapport à votre budget en optimisant l'utilisation des trois principaux effets de levier de l'investissement immobilier :

– le crédit bancaire,
– les loyers générés,
– les économies d'impôts.

Par ces investissements, vous vous créez un patrimoine important financé par les banques, vous remboursez votre échéance bancaire par vos loyers et, en outre, vous effacez partiellement ou totalement les impôts sur vos revenus globaux et vos loyers encaissés.

Achevé d'imprimer sur rotative
par l'Imprimerie Darantiere à Dijon-Quetigny

Dépôt légal :
N° d'impression : 10-0502

Imprimé en France